# Hej, Tina!

Mosaik bei
**GOLDMANN**

*Umwelthinweis:*
Dieses Buch wurde auf chlorfrei gebleichtem Papier gedruckt.


The cookery book is based on the television programme MAT produced by Sveriges Television.

1. Auflage
© 2006 der deutschsprachigen Ausgabe Wilhelm Goldmann Verlag,
München, in der Verlagsgruppe Random House GmbH
© der Originalausgabe Tina Nordström und Bokförlaget Natur och Kultur 2002
Originaltitel: Jättegott Tina
Originalverlag: Natur och Kultur
Fotos: Peter Kam
Umschlaggestaltung: Eisele Grafik-Design
Umschlagfoto: Peter Kam
Übersetzung: Anne Görblich-Baier für Redaktionsbüro Cornelia Klaeger
Redaktion: Redaktionsbüro Cornelia Klaeger, München
Satz: Uhl+Massopust, Aalen
Printed in Sweden
CH · Herstellung: IH
ISBN 10: 3-442-39105-9
ISBN 13: 978-3-442-39105-9

www.goldmann-verlag.de

**TINA NORDSTRÖM**

# Hej, Tina!

DIE BESTEN REZEPTE VON SCHWEDENS STARKÖCHIN

# INHALT

EINFACH GUT! **8**
RÜCKBLICK **10**

 **VORSPEISEN** 12

MÖHREN IN ZITRONEN-DILL-MARINADE MIT BULGUR
    UND JOGHURTSAUCE **12**
BROT MIT HUMMUS UND TOMATENPESTO **14**
WARMER ZIEGENKÄSE MIT FRISCHEN FEIGEN **15**
PAPAYASALAT MIT LIMETTE, RUCOLA UND SCHWARZEM PFEFFER **16**
EINGELEGTER KÜRBIS MIT MEERRETTICH UND LORBEER **16**
CHICORÉESALAT MIT GRAPEFRUIT UND
    GERÖSTETEN PINIENKERNEN **16**
BRUSCHETTA MIT TOMATEN, ESTRAGON UND ZIEGENKÄSECREME **18**
GEBACKENER KÜRBIS MIT MANDELVINAIGRETTE **19**
SPITZKOHL AUS DEM OFEN MIT FETA UND OLIVEN **21**
ARTISCHOCKEN MIT ROTE-BETE-BUTTER **22**
EINGELEGTER KNOBLAUCH **25**
ZWIEBEL-PIE MIT OLIVEN UND KARTOFFELN **26**
BRIECREME MIT ORANGEN-NELKEN-HONIG **28**

MEINE LIEBLINGSKRÄUTER **30**

 **SUPPEN** 34

MUSCHELSUPPE MIT TOPINAMBUR-APFEL-PÜREE **34**
KARTOFFEL-ZWIEBEL-SUPPE MIT APPENZELLER **36**
TOMATENSUPPE MIT GERÖSTETEN AUBERGINEN UND PARMESAN **38**

 **FISCH 40**

**MEINE LIEBLINGSFISCHE 40**

EDELFISCHTATAR MIT GEBRÄUNTEM SPARGEL, PARMESAN
   UND KNOBLAUCHCREME 44

PESTO-FISCH AUS DEM OFEN MIT STAMPFKARTOFFELN, SARDELLEN, DILL
   UND GURKENGEMÜSE 46

GEGRILLTER SEETEUFEL MIT POLENTA 48

ROTZUNGENFILET IN FOLIE MIT OLIVEN, KAPERN UND ZITRONE 50

RÖSTI MIT CRÈME FRAÎCHE UND SEEHASENROGEN 51

HUMMER, RINDERBRUST UND WURZELGEMÜSE IM KRÄUTERSUD
   MIT TOPINAMBURPÜREE 52

POCHIERTE EIER MIT SEEHASENROGEN UND RUCCOLASALAT 54

STOCKFISCH MIT SPECK UND GLASIERTEN SCHWARZWURZELN 56

 **GEFLÜGEL 58**

TOMATEN-THYMIAN-HÄHNCHEN AUS DEM RÖMERTOPF 58

HÄHNCHEN-SALTIMBOCCA MIT DINKEL, SPARGEL UND GETROCKNETEN
   TOMATEN 60

 **FLEISCH 62**

KALBSFRIKADELLEN MIT BRAUNER BUTTER, ERBSEN UND
   KARTOFFELPÜREE 62

HACKFLEISCH-PIE MIT PFIFFERLINGEN 63

SCHWEINEBRATEN MIT WIRSING, BLUMENKOHL UND
   SALZKARTOFFELN 64

GESCHMORTE HACKRÖLLCHEN MIT PIMENT, DAZU ÄPFEL UND
   SELLERIE MIT HONIG-VINAIGRETTE 66

GEKOCHTES KALBFLEISCH IN DILLSAUCE MIT MINIKARTOFFELN **68**

HIRSCHBRATEN MIT SÜSS-SAUREM SPECK UND APFEL-KARTOFFEL-PÜREE **71**

SEEMANNSTOPF **72**

RINDERROULADEN MIT KARTOFFELKUCHEN UND GURKENGEMÜSE **74**

**EIN FEST FÜR FREUNDE 76**

**DESSERTS 80**

EINGEMACHTE GEWÜRZBIRNEN MIT ORANGEN **80**

ERDBEEREN MIT BASILIKUM, LIMETTEN UND EIERCREME **82**

PANNA COTTA MIT LIMETTENWÜRZIGEN BEEREN **84**

SCHOKOLADENKUCHEN MIT RHABARBERKOMPOTT **86**

ZITRONEN-RUM-PARFAIT MIT BALSAMICO-ERDBEEREN **87**

SCHOKOLADENMOUSSE MIT PASSIONSFRÜCHTEN UND BIRNEN **88**

KÄSEKUCHEN MIT HIMBEEREN, BROMBEEREN UND HEIDELBEEREN **90**

HEIDELBEER-PIE MIT KARDAMOMCREME **92**

VANILLE-CHILI-ANANAS MIT ANIS-CRÈME-FRAÎCHE **94**

BIRNEN UND APRIKOSEN IM VANILLE-MINZE-SUD MIT SABAYON **96**

**SCHWEDISCHE WEIHNACHTEN 98**

GEBEIZTER LACHS MIT MEERRETTICH-FENCHEL **100**

GEBRATENE ENTENBRUST MIT WIRSING, PASTINAKEN, SCHALOTTEN UND ORANGENSAUCE **102**

WARME SCHOKOLADEN-TARTELETTES MIT MARINIERTEN CLEMENTINEN **104**

**HINTER DEN KULISSEN 106**

**REGISTER 110**

# EINFACH GUT!

Wenn ich die Rezepte in diesem Buch mit zwei Wörtern beschreiben sollte, würde ich sagen: »Einfach gut!« – ich finde, das trifft ziemlich genau. Natürlich gab es ein paar kritische Fans, die meinten, meine Rezepte einfach gut zu nennen wäre etwa so, als würde man zu Napoleons Niederlage in Waterloo »einfach blöd«, zu Einsteins Relativitätstheorie »einfach clever« oder zu Diors Mode »einfach hübsch« sagen.
Ich finde aber nach wie vor, dass »einfach gut« (das ist ja auch das Motto meiner Fernsehsendung) es prima trifft. Ich meine damit geradlinig und unkompliziert. Und das hat nicht nur mit Kochen, sondern auch mit Genießen zu tun, mit einem ganz bestimmten Lebensgefühl.
Selbst Anfänger können sich an die Rezepte in diesem Buch wagen. Vergessen Sie nicht: Probieren geht über studieren.

## EINFACH IST GUT

Mein Stil ist einfach: Ich finde, Speisen sollten so unverkünstelt sein, dass man auf den ersten Blick sieht, was man isst. Deshalb werden Sie auf meinen Tellern nie so etwas wie hochkant gebratene Möhren oder frittierte Erbsenpyramiden finden.
Die Gerichte sollten auch ehrlich und ohne Firlefanz angerichtet werden. Lange vor dem ersten Bissen sind im Gehirn schon die ersten Signale angekommen, etwa: »Mmh, sieht das lecker aus!« Da wäre es doch gemein, etwas zu versprechen, was das Gericht gar nicht halten kann, oder?
Einfachheit beim Kochen heißt für mich auch, respektvoll mit Lebensmitteln umzugehen und ihre wertvollen Inhaltsstoffe zu schützen. Es ist zum Beispiel absolut unsinnig, eine Hand voll Möhrchen in einem riesigen Topf voll Wasser stundenlang vor sich hinköcheln zu lassen – von Geschmack und Vitaminen ist danach kaum noch was übrig. Nehmen Sie nur etwas Wasser und ganz wenig Butter, Zucker, Salz und Pfeffer. Kochen Sie das Gemüse nicht zu lange. Sie werden überrascht sein, wie intensiv Möhren nach Möhren schmecken! Aus dem Garsud können Sie noch eine leckere Sauce zaubern.

**GEBEN UND NEHMEN**

Wenn ein Restaurant Hausmannskost serviert, steht in der Küche vermutlich ein erfahrener Koch, der weiß, wie man altvertraute Gerichte so zubereitet, dass sie aktuell und interessant wirken. Mit guten Grundrezepten können Sie auch zu Hause Altes und Neues zusammenbringen. Asiatische Chilischärfe verträgt sich beispielsweise prima mit schwedischen Standardwürzen wie Dill und Essig. Man kann exotische Gerichte damit abwandeln oder unsere Leibgerichte mit ein bisschen Chilischärfe zu neuem Leben erwecken.

**WAS MEINS IST, IST AUCH DEINS**

Ich versuche mich als Köchin ständig weiterzuentwickeln und bin für Anregungen von Kollegen, Freunden und Zuschauern immer dankbar. Sie erweitern meinen Horizont und zwingen mich, unbekannte Gebiete zu erforschen. Aber ein Rezept so einfach übernehmen, das kann ich nicht. Erst wenn ein Gericht meine Handschrift trägt, ist es auch meins. Ich muss es kochen und lieben lernen, entweder ohne etwas daran zu verändern oder indem ich beispielsweise ein klassisches Wurzelgemüse auf ganz andere, ungewohnte Art zubereite. Nudelsuppe habe ich zum Beispiel nie gemocht. Dann wurde ich gebeten, eine zu kochen. Inzwischen habe ich die Suppe unzählige Male zubereitet. Ich habe mit Zutaten experimentiert und mittlerweile ist sie ist zu »meinem« Gericht geworden. Ich koche sie immer wieder gern und kann sie auch Ihnen nur ans Herz legen, sie ist nämlich einfach gut.

# RÜCKBLICK

Tina Nordström stand in letzter Zeit häufig im Rampenlicht, und das hat ihr Leben sehr verändert. Nach nur eineinhalb Jahren Fernsehpräsenz wurde sie von den Lesern des »Aftonbladet« zur Fernsehfrau des Jahres erkoren. 2001 erhielt sie den Glädje-Preis sowie den Edvard-Persson-Preis der Zeitung »Kvällsposten«. Tina hat 2002 ein Stipendium des Vereins der Schonischen Gastronomischen Akademie bekommen, außerdem das große Stipendium der Schonischen Lebensmittelakademie und den großen Preis von COOP.

Sie wurde zur Schonin des Jahres gewählt und von ihren Kollegen mit einer Auszeichnung der E. M. Sandahl Foundation geehrt. Und diese Liste ist längst noch nicht vollständig. Für Tina kam das alles ziemlich überraschend.

## JEDER MAG TINA

Als Tina ihr erstes Kochbuch signierte, standen die Leute Schlange und warteten stundenlang geduldig auf ein Autogramm. Das ist sicher schmeichelhaft, aber auch ein wenig beängstigend.

»Ich weiß, dass man bei all der Publicity trotzdem auf Distanz zu dem Ganzen gehen muss und sich selbst nicht zu wichtig nehmen darf.«

Tina ist in Schweden bekannt wie der sprichwörtliche bunte Hund. Das ist eine tolle Sache, hat aber auch Nachteile. Alle kommen plötzlich so schrecklich nah an sie heran. Man winkt ihr zu, sie wird gegrüßt und angefasst. Ihr Job ist es, die gut gelaunte, immer strahlende Tina im Fernsehen zu verkörpern. Das hat schließlich dazu geführt, dass Tina sich im privaten Bereich sehr zurückgezogen hat. Zu Hause hat sie begonnen, sparsamer mit ihrer strahlenden Kraft umzugehen.

Dieses Buch hat sie auf jeden Fall mit viel Energie und Spaß geschrieben, für ihre Fans und alle, die sie kennen lernen möchten.

MÖHREN IN ZITRONEN-DILL-MARINADE
MIT BULGUR UND JOGHURTSAUCE

# ◻ Einfach gut!

Dill gehört zu meinen Lieblingskräutern.
Er ist ideal zum Würzen von Suppen und Gemüsen
und lässt sich prima einfrieren.

**MÖHREN.** Die Möhren gründlich abbürsten, falls nötig schälen. Das Wasser mit Salz, Pfeffer, Zucker und Butter aufkochen lassen. Die Möhren hineinlegen, den Dill (mit den Stielen nach oben) dazwischenstecken. Alles 10–12 Minuten kochen lassen, bis die Möhren weich sind. Herausnehmen. 100 ml vom Garsud für die Marinade aufheben.

**MARINADE.** Schalotte schälen und fein hacken. Dillspitzen hacken. Garsud mit Zitronensaft, Olivenöl, Schalotte und Dill verrühren. Die Marinade salzen, pfeffern und über die Möhren gießen. Das Ganze beiseite stellen.

**JOGHURTSAUCE.** Petersilie und Thymian hacken. Schalotte schälen und würfeln. Kräuter und Schalotte mit Crème fraîche und Joghurt verrühren. Die Sauce mit Salz und Pfeffer abschmecken.

Den Bulgur nach Packungsanweisung in Gemüsebrühe garen.

*Für 4 Portionen*

**MÖHREN**
1 Bund Möhren
500 ml Wasser
1 EL Salz
1/2 TL Pfeffer
1 1/2 EL Zucker
2 EL Butter
4 Dilldolden

**MARINADE**
1 Schalotte
3 EL Dillspitzen
100 ml Garsud
Saft von 1/2 Zitrone
50 ml Olivenöl
Salz, Pfeffer

**JOGHURTSAUCE**
3 EL Petersilienblätter
1 EL Thymianblättchen
1 Schalotte
100 g Crème fraîche
100 g Joghurt
Salz, Pfeffer

**BULGUR**
300 g Bulgur
Gemüsebrühe

## BROT MIT HUMMUS UND TOMATENPESTO

**HUMMUS (KICHERERBSENPASTE).** Knoblauch schälen. Chili und Kreuzkümmel im Mörser zerstoßen. Knoblauch, Chili und Kreuzkümmel mit den weiteren Hummuszutaten zu einer Paste verarbeiten. Mit Salz abschmecken und mit etwas Olivenöl beträufeln. Zum Schluss Pfeffer aus der Mühle darübermahlen.

**TOMATENPESTO.** Knoblauch schälen. Tomaten, Pinienkerne, Parmesan, Öl, Knoblauch und Basilikum im Mixer oder mit dem Stabmixer pürieren. Salzen und pfeffern.

**BROT.** Knoblauch schälen. Brotscheiben rösten und kräftig mit Knoblauch einreiben. Mit Hummus und Tomatenpesto servieren.

## Tolle Idee …
Reichen Sie solche aromatischen Würzpasten zum Aperitif, dazu passen sie super.

*Für 4 Portionen*

**BROT**
2 Knoblauchzehen
8 Scheiben Brot

**HUMMUS**
2 Knoblauchzehen
1 Chilischote, vorzugsweise geräuchert (Chipotle)
2 TL Kreuzkümmel
300 g Kichererbsen (aus der Dose)
1 EL Zitronensaft
1 EL Tahin (Sesampaste)
Salz, Olivenöl, Pfeffer

**TOMATENPESTO**
2 Knoblauchzehen
100 g in Öl eingelegte getrocknete Tomaten (oder in Wasser eingeweichte getrocknete Tomaten)
30 g Pinienkerne
50 g geriebener Parmesan
50 ml Olivenöl
3 EL Basilikumblätter
Salz, Pfeffer

# WARMER ZIEGENKÄSE MIT FRISCHEN FEIGEN

 **FEIGEN.** Backofen auf 225 °C vorheizen.
Feigen längs halbieren. Von jeder Hälfte außen eine dünne Scheibe abschneiden, damit die Fruchthälften später nicht umfallen. Zucker in einer Pfanne schmelzen. Feigen hineingeben und mit Balsamico und Rotwein beträufeln. Rosmarin hinzufügen. Feigen in der Karamellsauce wenden und das Ganze einige Minuten köcheln lassen.

**ZIEGENKÄSE.** Käsescheiben in eine ofenfeste Form legen und 4–5 Minuten im heißen Ofen überbacken.
Feigen auf den warmen Käse setzen und das Ganze dekorativ mit Karamellsauce beträufeln.

## Tolle Idee ... 
Diese Vorspeise müssen Sie unbedingt mal ausprobieren. Ich serviere sie meist mit frisch geröstetem Brot.

*Für 4 Portionen*

4 Scheiben Ziegenkäse
 (Ziegenrolle; je etwa 1 cm dick)

**FEIGEN**
4 frische Feigen
100 g Zucker
1–2 EL Aceto Balsamico
100 ml Rotwein
1 Zweig frischer Rosmarin
 oder 1/2 EL getrocknete
 Rosmarinnadeln

**PAPAYASALAT MIT LIMETTE, RUCOLA UND SCHWARZEM PFEFFER**

**EINGELEGTER KÜRBIS MIT MEERRETTICH UND LORBEER**

**CHICORÉESALAT MIT GRAPEFRUIT UND GERÖSTETEN PINIENKERNEN**

# ◻ Einfach gut!

Der Papayasalat – dringend ausprobieren, er ist unheimlich erfrischend! – erinnert mich an den Westindien-Segeltörn mit meinem Vater. Eingelegter Kürbis passt zum Beispiel prima zu Frikadellen oder Rindfleischeintopf. Wenn Sie den Chicoréesalat mit etwas zerkrümeltem Blauschimmelkäse garnieren, haben Sie eine tolle Variante. Und auch die schmeckt himmlisch!

**PAPAYASALAT.** Papayas schälen und würfeln oder in Scheiben schneiden. Mit Limettensaft, Limettenschale und Rucola mischen. Mit etwas Olivenöl beträufeln und mit Salz und schwarzem Pfeffer aus der Mühle würzen.

*Für 4 Portionen*

2 Papayas
Saft und abgeriebene Schale
 von 1 Limette
1 Bund Rucola
Olivenöl
Salz, schwarzer Pfeffer

**KÜRBIS.** Meerrettich schälen und in Scheiben schneiden. Schalotten schälen und würfeln.
Wasser mit Zucker, Essig, Lorbeerblättern und Meerrettich aufkochen. Kürbis und Schalotten hineinlegen und alles noch einmal aufkochen lassen. Den Topf vom Herd nehmen, den Kürbis zugedeckt im Sud abkühlen lassen. Er sollte mindestens einen Tag lang durchziehen.

*Für 4 Portionen*

5 cm Meerrettich
2 Schalotten
300 ml Wasser
200 g Zucker
100 ml kräftiger Essig
4 Lorbeerblätter
400 g gewürfeltes
 Kürbisfruchtfleisch (zum Beispiel
 Muskat- oder Hokaidokürbis)

**CHICORÉESALAT MIT GRAPEFRUIT.** Grapefruits filetieren. Chicorée waschen und in Streifen schneiden. Die Chicoréestreifen in Eiswasser legen. Das entzieht ihnen Bitterstoffe, und sie bleiben knackig. Pinienkerne in einer Pfanne ohne Fett goldbraun rösten. Die Chicoréestreifen mit Küchenpapier trockentupfen und mit Grapefruitfilets, Pinienkernen, Dill und etwas Olivenöl anrichten. Mit Salz, weißem Pfeffer und einer Prise Zucker abschmecken.

*Für 4 Portionen*

2 Grapefruits
2 Chicorée
30 g Pinienkerne
3 EL Dillspitzen
Olivenöl
Salz, weißer Pfeffer, Zucker

**BRUSCHETTA MIT TOMATEN, ESTRAGON UND ZIEGENKÄSECREME**

 **BRUSCHETTA.** Die Haut der Tomaten kreuzweise einritzen. Wasser in einem Topf sprudelnd kochen lassen. Tomaten für 8 Sekunden hineingeben. Herausnehmen und mit kaltem Wasser abschrecken. Tomaten halbieren und häuten, Kerne und Flüssigkeit herausdrücken. Estragon hacken und mit Tomaten, 1 EL Zitronensaft, 1/2 EL Zitronenschale und dem Öl mischen. Mit Salz, Pfeffer und einer Prise Zucker abschmecken.

**ZIEGENKÄSECREME.** Ziegenkäse mit Sahne und Frischkäse glatt verrühren. Die Creme salzen und pfeffern.

Brotscheiben rösten und mit Knoblauch einreiben. Die Tomaten auf dem Brot verteilen und mit etwas Käsecreme garnieren.

## Tolle Idee … Ein herrlicher Sommersnack!

*Für 4 Portionen*

**BRUSCHETTA**
4 Scheiben Weißbrot
2 Knoblauchzehen

5 Tomaten
1 EL frische Estragonblätter
Saft und abgeriebene Schale
  von 1 Zitrone
3 EL Olivenöl
Salz, Pfeffer, Zucker

**ZIEGENKÄSECREME**
150 g Ziegenkäse
50 g Schlagsahne
50 g Doppelrahmfrischkäse
Salz, Pfeffer

# GEBACKENER KÜRBIS MIT MANDELVINAIGRETTE

 **KÜRBIS.** Backofen auf 225 °C vorheizen. Kürbis schälen, entkernen und in vier etwa 2 cm dicke Spalten schneiden. Die Stücke auf ein Backblech legen. Knoblauchknolle quer halbieren. Die Kürbisspalten damit einreiben, die Knoblauchhälften mit aufs Blech geben. Alles mit etwas Olivenöl beträufeln, mit Anissamen bestreuen, salzen und pfeffern. Den Kürbis 25–30 Minuten backen, bis er weich ist.

**VINAIGRETTE.** Mandelblättchen in einer Pfanne ohne Fett goldbraun rösten. Schalotte schälen und würfeln. Petersilie oder Liebstöckel hacken. Schalotte, Kräuter, Öl und Essig in einer Schüssel zu einem Dressing verrühren. Mit Salz und Pfeffer abschmecken.

## Tolle Idee ... 
Passt als Beilage gut zu Fisch, ist aber auch ohne was dazu sagenhaft lecker.

*Für 4 Portionen*

**KÜRBIS**
etwa 1 kg Kürbis (zum Beispiel Muskat- oder Hokaidokürbis)
1 Knoblauchknolle
Olivenöl
1 EL Anissamen
Salz, Pfeffer

**VINAIGRETTE**
100 g Mandelblättchen
1/2 Schalotte
3 EL Petersilien- oder Liebstöckelblätter
75 ml Olivenöl
2 EL Aceto Balsamico
Salz, Pfeffer

# Einfach gut!

Spitzkohl ist ein tolles Frühsommergemüse. Ich mag ihn sehr, sehr gern. Ein Büfett ohne ihn ist für mich praktisch unvorstellbar.

*Für 4 Portionen*

1 Spitzkohl
1 Knoblauchknolle
Olivenöl
Salz, Pfeffer

1 Schalotte oder 1 kleine rote Zwiebel
3 EL Liebstöckel- oder Petersilienblätter
1 Hand voll Oliven (Sorte nach Belieben)
200 g Feta
2 EL Aceto Balsamico
100 ml Olivenöl

**SPITZKOHL.** Backofen auf 200 °C vorheizen. Kohlkopf vierteln, die Stücke auf ein Backblech legen. Knoblauch quer durchschneiden, die Schnittflächen des Spitzkohls damit einreiben. Den Knoblauch danach mit aufs Blech legen. Anschließend alles mit etwas Olivenöl beträufeln, salzen und pfeffern.
Im heißen Ofen 20–30 Minuten backen. Dann den Kohl mit einem Messer einstechen, um zu prüfen, ob er weich ist.

Schalotte schälen und würfeln. Liebstöckel (oder Petersilie) und Oliven grob hacken. Feta würfeln. Alle Zutaten in einer Schüssel mischen. Die Spitzkohlviertel noch warm von den Strünken befreien und zu kleinen Nestern formen. Mit der Fetamischung füllen.

**SPITZKOHL AUS DEM OFEN MIT FETA UND OLIVEN**

**ARTISCHOCKEN MIT ROTE-BETE-BUTTER**

# ◯ Einfach gut!

Das müssen Sie wissen: Bloß nicht die Finger ablecken, wenn Sie die Artischocken vorbereiten, ihr Saft schmeckt grässlich!

**ARTISCHOCKEN.** Die Stiele der Artischocken direkt unter den Blüten abschneiden.
Zitrone in Scheiben schneiden, mit den Artischocken etwa 30 Minuten in Salzwasser garen. Im Sud abkühlen lassen.
Die Artischocken warm oder kalt servieren.

**ROTE-BETE-BUTTER.** Butter in Würfel schneiden und Raumtemperatur annehmen lassen.
Schalotten schälen und würfeln. Mit Rote Bete und Wein in einen Topf geben und köcheln lassen, bis die Flüssigkeit verdampft ist. Abkühlen lassen, dann mit Butter und Zitronensaft mischen. Mit Salz und Pfeffer abschmecken, mit Rote-Bete-Stiften und Dillspitzen garnieren.

*Für 4 Portionen*

**ARTISCHOCKEN**
4 Artischocken
1 Zitrone
Salz

**ROTE-BETE-BUTTER**
300 g Butter
2 Schalotten
150 g frische Rote Bete, geraspelt
300 ml Rotwein
2 EL Zitronensaft
Salz, Pfeffer

Rote-Bete-Stifte und Dillspitzen
 zum Garnieren

# Einfach gut!

Toll zu Gegrilltem – es lohnt sich, gleich mehr davon zu machen: Je länger die Knoblauchzehen durchziehen können, desto besser schmecken sie!

2 Knoblauchknollen
100 ml Wasser
100 ml Oliven- oder Rapsöl
100 ml Apfelessig
2 Zweige frischer Rosmarin
 (oder 1/2 EL getrocknete
 Rosmarinnadeln)
2 TL Salz
2 TL Zucker
3 Lorbeerblätter

**KNOBLAUCH.** Knoblauchknollen zerteilen, die Zehen schälen. In einem Topf leicht gesalzenes Wasser zum Kochen bringen. Knoblauch hineingeben und 5 Minuten kochen. Das Wasser abgießen.
100 ml Wasser, Öl, Essig, Rosmarin, Salz, Zucker und Lorbeerblätter in einen Topf geben. Knoblauchzehen hinzufügen und alles 7 Minuten zugedeckt köcheln lassen.
Abkühlen lassen und in ein sterilisiertes Einmachglas füllen.

**EINGELEGTER KNOBLAUCH**

**ZWIEBEL-PIE MIT OLIVEN UND KARTOFFELN**

# ○ Einfach gut!

*Der Pie kann warm und kalt serviert werden.
Er darf bei keinem Picknick fehlen!*

**PIE-TEIG.** Backofen auf 175 °C vorheizen. Alle Zutaten zu einem Pie-Teig verarbeiten. Ausrollen und eine Springform damit auskleiden.

**FÜLLUNG.** Zwiebeln schälen, in Ringe schneiden und im heißen Öl goldbraun braten. Kartoffeln schälen, Oliven hacken. Die Hälfte der Zwiebelringe auf dem Teigboden verteilen, darauf dann die Kartoffelscheiben legen. Die letzte Schicht bilden die restlichen Zwiebeln und die gehackten Oliven.
Eier mit saurer Sahne und Milch verquirlen. Die Masse mit Salz und Pfeffer abschmecken und über die Füllung gießen. Die Füllung einige Male mit dem Messer einstechen, damit die Eimasse eindringen kann.
Den Pie im heißen Ofen etwa 45 Minuten backen.

*Für 4–6 Portionen*

**PIE-TEIG**
50 g weiche Butter
240 g Mehl
150 ml Milch
2 TL Backpulver

**FÜLLUNG**
3 große Zwiebeln
Öl zum Braten
500 g gekochte Kartoffeln
150 g schwarze Oliven
4 Eier
200 g saure Sahne
200 ml Milch
Salz, Pfeffer

# Einfach gut!

Hierzu schmeckt ein Glas Portwein besonders fein.

*Für 4 Portionen*

500 g Brie
3 EL Olivenöl
60 g Honig
Saft von 1/2 Orange
2 Gewürznelken
Pumpernickeltaler oder
 dunkles Roggenbrot

**BRIE.** Käse entrinden. In eine Schüssel geben und Raumtemperatur annehmen lassen. Dann nach und nach unter ständigem Schlagen mit den Quirlen des Handrührgeräts das Öl dazugeben.
Honig, Orangensaft und Nelken in einen Topf geben und bei schwacher Hitze heiß werden lassen. Durch ein Sieb gießen, dann beiseite stellen und abkühlen lassen.
Etwas Käsecreme auf die Pumpernickeltaler oder die Brotscheiben geben und mit ein wenig Honigsauce beträufeln.

BRIECREME
MIT ORANGEN-NELKEN-HONIG

# MEINE LIEBLINGSKRÄUTER

Kräuter sind die besten Freunde des Kochs. Mit ihnen kann man fast alles retten: Einfach ein paar frische Kräuter an ein Gericht geben, und schon ist die Sache geritzt. Sie heben den Geschmack, und außerdem lassen sie die meisten Gerichte richtig lecker aussehen. Selbst eine schlichte Vinaigrette wird mit frischen Kräutern zur Delikatesse.

In den meisten Kochbüchern und bei Fernsehköchen ist fast nur von frischen Kräutern die Rede, getrocknete werden kaum verwendet. Ich finde das ziemlich snobistisch.

Frische Kräuter bekommt man in jedem Lebensmittelladen. Außerdem kann man sie selbst ziehen – das ist wirklich ganz einfach! Sie gedeihen im Blumenkasten auf dem Balkon genauso wie auf der Fensterbank oder im Garten. Das, was die frischen Kräuter von den getrockneten unterscheidet, ist die Art, wie man sie verwendet. Frische Kräuter geben den Geschmack sofort ab, getrocknete dagegen brauchen Zeit, um ihr Aroma entwickeln zu können. Deshalb müssen Trockenkräuter stets über einen längeren Zeitraum mitgekocht werden. Falls Sie mal nicht daran gedacht haben, hier ein einfacher Trick: Geben Sie etwas von den getrockneten Kräutern in ein klein wenig kochend heiße Brühe, und lassen Sie das Ganze eine Weile stehen. So bekommen Sie ein herrliches Würzmittel, das Speisen ebenso schnell aromatisiert wie frische Kräuter.

Übrigens: Am besten halten sich frische Kräuter, wenn sie in ein feuchtes Küchentuch gewickelt und ganz unten im Kühlschrank aufbewahrt werden. Natürlich können Sie sie auch in ein Glas mit Wasser stellen. Dann aber bitte die Stängel anschneiden und eine Papiertüte oder einen Gefrierbeutel über den Strauß stülpen. Kräuter eignen sich auch zum Einfrieren, viele verlieren dabei aber sehr an Geschmack und Farbe.

**GLATTE PETERSILIE** verwende ich sehr häufig. Sie ist ein Last-Minute-Gewürz, das man kurz vor dem Servieren ins Essen gibt. Ein bisschen klein geschnittene Petersilie schmeckt zu allem.

**DILL** zu neuen Kartoffeln ist ein Muss. Er ist ein richtiges Sommerkraut und passt zu allen sommerlichen Gerichten. In der schwedischen Küche spielt Dill eine sehr große Rolle. In anderen Ländern ist er nicht ganz so beliebt.

**THYMIAN** gehört zu den Kräutern, die lange kochen müssen. Er kommt von Anfang an mit in den Topf und wird vor dem Servieren herausgefischt. Bekommt man frischen, zarten Thymian, kann man ihn unter Salat mischen oder die Blättchen über Wurzelgemüse oder gebratenen Fisch streuen.

**ROSMARIN** muss ebenfalls von Anfang an mitgekocht werden. Er passt auch gut an manche Desserts. Nur Mut: Geben Sie einfach mal einen Rosmarinzweig in die Karamellsauce oder aromatisieren Sie eingemachte Birnen damit!

**KORIANDERGRÜN** hat ein sehr intensives Aroma. Seien Sie vorsichtig, wenn Sie damit würzen, es kann schnell zu viel sein. Für Wokgerichte sind die zarten Blättchen ideal.

**KERBEL** schmeckt etwas nach Anis. Ich verwende die Blättchen meist für Salate oder garniere damit Graved Lachs.

**BASILIKUM** verträgt keine Kälte – seine Blätter sind sehr empfindlich. Basilikumblätter sollten unmittelbar vor dem Verzehr abgezupft werden, sonst verfärben sie sich schnell. Was wäre ein Tomatensalat ohne Pesto und frisches Basilikum? Richtig! Nichts!

**LIEBSTÖCKEL** halten viele für Unkraut. Wegen seines typischen Aromas wird er auch Maggikraut genannt. Er passt an Suppen und Salate, man sollte ihn allerdings sparsam dosieren. Im Handel ist das Kraut nur selten, man kann es aber ganz leicht selbst ziehen. Machen Sie sich am besten gleich ans Werk!

**MINZE** Meine Mutter baut die beste Minze der Welt an. Ich hacke die Blätter und mische sie mit Zucker und etwas geriebener Limettenschale. Das Ganze streue ich gern über Beeren oder Joghurt. Minze gehört auch in Mojito, meinen Lieblingscocktail.

**SALBEI** wurde früher, wie viele andere Kräuter auch, als Heilmittel verwendet. Er war nicht irgendeines – nein, es hieß, Salbei schenke einem das ewige Leben. Ich finde, dass Salbei wunderbar zu Braten passt, beispielsweise zu Lamm. Ich schneide eine Tasche ins Fleisch, gebe Knoblauch, Salbei, Petersilie und geriebene Zitronenschale hinein und bekomme so den zartesten Braten, den es gibt.

**ESTRAGON** Es ist schwer, etwas Spezielles zu diesem Kraut zu sagen. Es passt nämlich zu fast allem, am besten aber wohl zu Saucen. Meine bevorzugte Estragonsauce besteht aus Mayonnaise, Crème fraîche, Kapern, geriebenem Parmesan und viel, viel Estragon. Sie schmeckt sagenhaft gut! Eine andere einfache Art, Estragon zu verwenden: einen Zweig auf den Fisch legen, bevor man ihn in den Ofen schiebt.

# Einfach gut!

Wenn Sie diese Suppe etwas cremiger und gehaltvoller möchten, montieren Sie sie einfach mit 50 g Butter auf oder geben 200 g Schlagsahne hinein.

*Für 4–6 Portionen*

**SUPPE**
etwa 2 kg Miesmuscheln
1 Zwiebel
4 Knoblauchzehen
1 Hand voll Petersilienblätter
 und Petersilienstängel
Öl
3 Sternanis
1 l Wasser

1 Knoblauchzehe
4 EL Doppelrahmfrischkäse
Salz, Pfeffer

**PÜREE**
4 Topinambur
Muschelsud
1 Schalotte
2 Äpfel
1 EL Olivenöl
abgeriebene Schale
 von 1/2 Zitrone
Salz, Pfeffer, Zucker

**SUPPE.** Muscheln unter fließend kaltem Wasser gründlich bürsten und falls nötig von den Bärten befreien. Geöffnete Muscheln wegwerfen. Zwiebel schälen und grob würfeln. Knoblauch schälen und mit einer Messerklinge andrücken.
Öl in einem großen Topf erhitzen. Zwiebel, Knoblauch, Petersilienstängel und Sternanis darin anbraten. Die Muscheln in den Topf geben und ein paar Minuten dünsten. Dann Wasser zugießen und den Deckel auflegen. Muscheln 4–5 Minuten kochen. Falls sich nach dieser Zeit nicht alle Muscheln geöffnet haben, den Topf wieder verschließen und die Muscheln noch ein paar Minuten weiterkochen. Exemplare, die sich gar nicht öffnen, aussortieren und wegwerfen.
Den Muschelsud durch ein Sieb in einen anderen Topf gießen. Muscheln beiseite stellen und das Püree zubereiten.

**PÜREE.** Topinambur schälen und in Stücke schneiden. Im Muschelsud sehr weich garen. Schalotte schälen und fein würfeln. Äpfel schälen. Topinamburstücke in einen zweiten Topf umfüllen. Die Äpfel in Scheiben schneiden und dazugeben, das Ganze mit dem Stabmixer grob pürieren. Öl, Zitronenschale und Schalotte hinzufügen. Das Püree mit Salz, Pfeffer und einer Prise Zucker abschmecken.

Petersilienblätter mit einer angequetschten Knoblauchzehe und dem Frischkäse in den Sud geben und alles pürieren. Die Suppe salzen und pfeffern. Das Muschelfleisch aus den Schalen lösen. In jeden Suppenteller einen Klacks Topinambur-Apfel-Püree geben und mit ein paar Muscheln belegen. Mit der Suppe auffüllen. Dazu schmeckt gutes Brot.

## MUSCHELSUPPE
## MIT TOPINAMBUR-APFEL-PÜREE

**KARTOFFEL-ZWIEBEL-SUPPE MIT APPENZELLER**

# ◯ Einfach gut!

Kochen Sie die Suppe ruhig schon am Vortag, dann kann sie ihr Aroma richtig schön entfalten.

**SUPPE.** Kartoffeln schälen und würfeln. Zwiebeln und Lauch in dünne Ringe schneiden. Etwas Butter und Öl in einer Pfanne erhitzen. Zwiebel- und Lauchringe darin glasig, aber nicht braun werden lassen. Kartoffeln, Wasser, Wein und Brühe hinzufügen. Alles 20–25 Minuten kochen lassen, bis die Kartoffeln weich sind, dann salzen und pfeffern. Die Suppe wird noch besser, wenn sie eine Weile ruhen kann. Zum Schluss die Petersilie hacken und unterrühren.

Backofen auf 225 °C vorheizen.
Brotscheiben mit Käse belegen. Im heißen Ofen überbacken, bis der Käse zu schmelzen beginnt und braun wird. Die Suppe in Suppentassen oder -teller füllen, das Brot darauflegen. Sofort servieren.

*Für 4 Portionen*

4 Kartoffeln
4 große Zwiebeln
1 Stange Lauch
Butter und Olivenöl zum Braten
1 l Wasser
450 ml Weißwein
1 TL Instant-Hühnerbrühe
Salz, Pfeffer
1/2 Hand voll Petersilienblätter

4 Scheiben Weißbrot
4 dicke Scheiben Appenzeller oder Cheddar

# Einfach gut!

Auberginen kann man ganz leicht mit einem Sparschäler von der Schale befreien. Die Suppe lässt sich hervorragend einfrieren – kochen Sie also ruhig gleich mehr davon!

*Für 4 Portionen*

**SUPPE**
3 Schalotten
2 Knoblauchzehen
etwa 1 kg Tomaten
Olivenöl zum Braten
1/2 Chilischote
3 Zweige frischer Thymian
  (oder 1/2 EL getrockneter)
500 ml Hühnerbrühe
1 Dose geschälte Tomaten
Salz, Pfeffer, Zucker

**AUBERGINEN**
2 Auberginen
Olivenöl zum Braten
Salz und Pfeffer
1 Zweig frischer Thymian

100 g Bacon, fein gehackt
  (nach Belieben)
3 EL Petersilienblätter
hauchdünne Parmesanspäne

**SUPPE.** Schalotten schälen und in Ringe schneiden. Knoblauch schälen und mit einer Messerklinge zerdrücken. Tomaten in Stücke schneiden und in etwas Öl anbraten. Chilischote fein hacken. Zwiebeln, Knoblauch, Chili und Thymian zu den Tomaten geben. Brühe dazugießen und die Dosentomaten hinzufügen. Bei mittlerer Hitze etwa 20 Minuten köcheln lassen. Die Tomatensuppe durch ein Sieb passieren und mit einem Schneebesen kräftig durchrühren. Sollte sie zu dick sein, einfach mit etwas Wasser verdünnen. Mit Salz, Pfeffer und etwas Zucker abschmecken.

**AUBERGINEN.** Backofen auf 200 °C vorheizen. Auberginen schälen und in 10 cm lange Stifte schneiden. Öl in einer Pfanne erhitzen, die Auberginenstifte darin goldgelb braten. Salzen und pfeffern. In eine ofenfeste Form umfüllen und für 10 Minuten in den heißen Ofen geben. Anschließend die Stücke in einem Topf mit einem Schneebesen grob zerkleinern. Etwas Öl untermischen, das Auberginenpüree mit Salz, Pfeffer und Thymian würzen.

Baconstückchen knusprig braten. Zum Abtropfen auf Küchenpapier geben. Petersilie hacken. Einen Klacks Auberginenmus in jeden Suppenteller geben. Die Suppe darübergießen und mit Bacon, Petersilie und einigen Parmesanspänen garnieren.

## TOMATENSUPPE
### MIT GERÖSTETEN AUBERGINEN UND PARMESAN

# MEINE LIEBLINGSFISCHE

Fisch zuzubereiten ist absolut unkompliziert. Am besten, man lässt ihn so, wie er ist. Ich selbst bin ganz verrückt nach Seehase. Er eignet sich unter anderem fantastisch zum Räuchern. Aber auch zu einem großen Stück zartem Dorsch aus dem Ofen sage ich nicht Nein, und auch nicht zu Barsch. Oder Seeteufel. Oder Scholle. Oder Lachs. Oder zu jedem anderen Fisch. Beim Kauf von frischem Fisch sollte man sehr genau darauf achten, dass er auch wirklich frisch ist. Ein Blick auf die Kiemen verrät das ganz schnell.

Die Kiemen müssen dunkelrot sein und glänzen, sonst sollten Sie den Fisch nicht nehmen! Sind die Kiemen eingetrocknet, ist der Fisch nicht mehr frisch. Ach ja, der ganze Fisch sollte außerdem von einer dünnen Schleimschicht überzogen sein und ebenfalls schön glänzen. Prüfen Sie auch die Flossen, sie dürfen nicht trocken sein. Nun schauen Sie dem Fisch tief in die Augen. Je klarer sie sind, desto frischer ist er. Aber am wichtigsten ist, dass der Fisch gut riecht. Beim geringsten Anflug von Ammoniakgeruch sollten Sie die Hände von ihm lassen – so ein Fisch taugt zu gar nichts mehr.

Fisch ist lecker, vorausgesetzt, Sie lassen ihn so pur wie möglich. Er hat so viel Eigengeschmack, dass er keine komplizierten Zubereitungsarten braucht.

Ich persönlich käme nie auf die Idee, Fischterrinen zuzubereiten oder mich auf ähnliche Weise zu verkünsteln. Wenn ich Fisch auf dem Herd oder im Backofen gare, dann nie bei mehr als 45–50 °C. Ein wenig Salz und vielleicht noch einen Hauch Pfeffer dazu, und das war's schon. Mehr ist wirklich nicht nötig!

Welche Beilagen Sie zum Fisch servieren, bleibt Ihrem Geschmack und Ihrer Fantasie überlassen.

*Bei einem frischen Fisch sind die Kiemen dunkelrot und glänzend, die Augen klar.*

**ROTZUNGE** ist im Frühjahr am besten. Im Sommer ist das Fleisch nicht so fest. Sie kann im Ganzen oder filetiert gebraten oder gedünstet werden.

**OSTSEEFLUNDER** erinnert an die Rotzunge, ist jedoch etwas größer und teurer. Das Fleisch ist nicht ganz so fest wie das der Rotzunge. Kann im Ganzen oder filetiert zubereitet werden.

**SEEZUNGE** gilt als der feinste Plattfisch und kann bis zu 70 cm lang werden. Die Weibchen sind größer als die Männchen. Absoluter Klassiker ist die Seezunge à la meunière (Müllerin-Art): erst in Mehl gewendet, dann in Butter gebraten. Gut mit Kapern-Dill-Butter und neuen Kartoffeln!

**GLATTBUTT** ist fast das ganze Jahr lang erhältlich. Das Fleisch ist etwas lockerer als das des Steinbutts und die Haut vollkommen glatt. Meist werden die Filets gebraten oder gedünstet, doch auch größere Stücke oder Scheiben, gebraten oder gedünstet, schmecken gut.

**ZANDER** gibt es das ganz Jahr. Sein Fleisch ist fest und leicht gräulich. Gehört zur Familie der Barsche, die in Süß- und Brackwasser leben. Ideal zum Braten.

**FELCHEN** wird ganzjährig angeboten, schmeckt jedoch im späten Frühjahr und im Sommer am besten. Das beigefarbene Fleisch ist ziemlich fett. Eignet sich hervorragend zum Räuchern oder Beizen.

**SEEHASE** Hier werden nur die Männchen gegessen. Die Weibchen liefern den »Deutschen Kaviar«. Seehasen schmecken am besten in Dezember und Januar. Ich räuchere oder beize sie am liebsten. Auch Seehasenfilets sind lecker, beispielsweise in einem Zucker-Salz-Sud pochiert, mit etwas Kaviar als Suppeneinlage oder mit pochiertem Ei und Meerrettich.

**DORSCH** ist der junge Kabeljau und der Rolls Royce unter den Fischen – heutzutage leider fast abgefischt. Ich esse ihn am liebsten mit zerlassener Butter und Meerrettich. Er schmeckt wahnsinnig gut, egal ob man ihn im Ganzen gart oder seine Filets brät.

**LACHS** ist wohl der beliebteste Speisefisch. Meist bekommen wir Zuchtlachs zu kaufen. Sein Fleisch verdankt die orangerote Färbung dem karotinreichen Futter – Wildlachs hat hellrosa Fleisch. Lachs ist am besten, wenn er zwischen drei und acht Kilo wiegt, dann ist er fett und lecker.

**SCHELLFISCH** ist ein häufig vorkommender Vertreter der Dorschfamilie. Sein Geschmack ist mild und erinnert sehr stark an Dorsch. Er ist das ganze Jahr über erhältlich. Manchmal kann das Fleisch ein wenig locker sein, dann salzt man es einfach ein bisschen, und schon zieht es sich zusammen. Schellfisch schmeckt gebraten besonders gut.

**LACHSKAVIAR** ist der Rogen vom Lachs – wie der Name schon sagt. Er ist auch als Keta-Kaviar im Handel und sollte fest und nicht zu salzig sein. Falsch konservierter Rogen ist weißlich und von suppiger Konsistenz. Lachs- und Forellenkaviar eignen sich ausgezeichnet für warme Saucen, weil die Rogenkörner recht groß sind und mehr Hitze vertragen.

**MARÄNENROGEN** müssen Sie unbedingt probieren, wenn Sie mal nach Schweden kommen! Es handelt sich um den Rogen der Kleinen Maräne. Die Körner sind klein und werden eiskalt gegessen. Am besten auf ungebuttertem Toast mit gehackten roten Zwiebeln und Crème fraîche. Ich liebe das!

**SEEHASENROGEN** ist hellrosa, wenn er frisch ist. Der gesalzene wird rot oder schwarz gefärbt.

# EDELFISCHTATAR MIT GEBRÄUNTEM SPARGEL, PARMESAN UND KNOBLAUCHCREME

# Einfach gut!

Eine tolle Möglichkeit, übrig gebliebene Fischstücke zu verarbeiten.

**FISCHTATAR.** Schalotte schälen und würfeln. Fisch und Sardellen fein hacken. Mit Eigelben, Senf, Kapern und Zwiebel vermengen. Mit Salz, Pfeffer und einer Prise Zucker abschmecken. 20 Minuten im Kühlschrank durchziehen lassen. Aus der Masse Plätzchen formen. In etwas Öl und Butter auf jeder Seite 2–3 Minuten braten.

**KNOBLAUCHCREME.** Knoblauchzehen schälen und in etwas Öl goldgelb braten. Abkühlen lassen und fein hacken. Mit dem Dill unter die saure Sahne rühren. Die Creme mit Salz, Pfeffer, Zucker und Zitronensaft abschmecken.

**SPARGEL.** Die Spargelstangen halbieren. In etwas Öl und Butter braun braten, dann mit einem Messer hineinstechen, um zu testen, ob sie weich sind. Mit Salz und Pfeffer würzen.

Den Spargel nach Belieben mit Parmesanspänen garnieren. Mit etwas brauner Butter und der Knoblauchcreme zum Fischtatar servieren.

*Für 4 Portionen*

**FISCHTATAR**
1 Schalotte
500 g Lachsfilet
500 g Wolfsbarschfilet (Loup de mer) oder Filet von einem anderen weißfleischigen Fisch
8 Sardellenfilets
4 Eigelb
1 1/2 EL Dijon-Senf
2 EL Kapern
Salz, Pfeffer, Zucker
Butter und Öl zum Braten

**KNOBLAUCHCREME**
4 Knoblauchzehen
Öl zum Braten
4 gehäufte EL Dillspitzen
200 g saure Sahne
Salz, schwarzer Pfeffer, Zucker
Zitronensaft

**SPARGEL**
12 grüne Spargelstangen
Öl und Butter zum Braten
Salz, Pfeffer
Parmesan (nach Belieben)

# Einfach gut!

Wenn Sie ein Bratenthermometer besitzen, können Sie damit kontrollieren, ob der Fisch gar ist. Stechen Sie es in die dickste Stelle: Die Kerntemperatur sollte zwischen 45 und 50 °C liegen. Geben Sie nicht zu viel Zitronensaft in das Pesto, er könnte die schöne grüne Farbe zerstören.

*Für 4 Portionen*

800 g Fischfilet, zum Beispiel Schellfisch
Salz, Pfeffer

**PESTO**
1 Knoblauchzehe
1 Bund Rucola, grob gehackt
1 Hand voll Basilikumblätter
50 g geriebener Parmesan
30 g Pinienkerne
200 ml Oliven- oder Rapsöl
Salz, Pfeffer
Zitronensaft

**STAMPFKARTOFFELN**
1 kg Kartoffeln
8 Sardellenfilets
3 EL Crème fraîche
3 EL Olivenöl
abgeriebene Schale
  von 1/2 Zitrone
Salz, Pfeffer
3 EL Dillspitzen

1/2 Gurke
2 Äpfel
1 rote Zwiebel
Butter zum Braten
Salz, Pfeffer

**PESTO.** Knoblauch schälen. Rucola, Basilikum, Knoblauch, Parmesan und Pinienkerne mit dem Öl im Mixer oder mit dem Stabmixer pürieren. Die Paste mit Salz, Pfeffer und Zitronensaft abschmecken. Wenn Sie keinen Mixer haben, können Sie die Zutaten auch mit einem Messer ganz fein hacken. Dann wird die Konsistenz zwar etwas anders, aber der Geschmack bleibt gleich.

**FISCH.** Backofen auf 150 °C vorheizen. Fisch in vier gleich große Teile schneiden, salzen und pfeffern.
Fischstücke in eine ofenfeste Form legen und mit Pesto bedecken. Etwa 15 Minuten im Ofen überbacken. Mit einem Holzstäbchen einstechen, um zu prüfen, ob der Fisch gar ist.

**STAMPFKARTOFFELN.** Kartoffeln schälen und in reichlich Salzwasser gar kochen. Ausdämpfen lassen und mit einem Kartoffelstampfer zerdrücken. Sardellenfilets hacken und mit Crème fraîche, Olivenöl und Zitronenschale unter die Stampfkartoffeln rühren. Das Mus salzen und pfeffern. Dill hacken. Erst unmittelbar vor dem Servieren untermischen, damit er seine frische grüne Farbe behält.

**GEMÜSE.** Gurkenstück schälen und der Länge nach halbieren, die Kerne mit einem Löffel herauskratzen. Gurkenhälften schräg in Stücke schneiden oder parieren, damit sie aussehen wie auf dem Foto rechts. Äpfel vierteln, von den Kerngehäusen befreien und in Spalten schneiden. Zwiebel schälen und ebenfalls in Spalten schneiden. Etwas Butter in einer Pfanne zerlassen, Gurke und Zwiebel darin dünsten. Nach einigen Minuten die Apfelspalten dazugeben, aber nur kurz – sie sollen knackig bleiben. Das Gemüse salzen und pfeffern.

## PESTO-FISCH AUS DEM OFEN MIT STAMPFKARTOFFELN, SARDELLEN, DILL UND GURKENGEMÜSE

## GEGRILLTER SEETEUFEL MIT POLENTA

# ◯ Einfach gut!

Das Grillöl passt auch prima zu Fleisch.
Übrig gebliebene Polenta können Sie am nächsten Tag
portionsweise in der Pfanne aufbraten.

**GRILLÖL.** Currypaste, Ingwer und Öl verrühren.

**SEETEUFEL.** Fischstücke putzen. Mit Grillöl bestreichen, anschließend salzen und pfeffern.
Eine Grillpfanne bei mittlerer Hitze heiß werden lassen. Den Fisch hineinlegen und erst wenden, sobald er ein attraktives Grillmuster hat. Die Pfanne mit Alufolie abdecken und beiseite stellen. Das Fischfleisch in der Restwärme der Pfanne nachgaren lassen und vor dem Servieren mit einem Messer oder dem Bratenthermometer kontrollieren, ob es durchgegart ist. Die Kerntemperatur sollte 45–50 °C betragen. Den Fisch in Stücke teilen und mit Polenta servieren.

*Für 4 Portionen*

800 g Seeteufel oder Wolfsbarsch
  am Stück
Salz, Pfeffer

**GRILLÖL**
1 EL grüne Currypaste
1 EL geriebener frischer Ingwer
2 EL Olivenöl

**POLENTA.** Brühe aufkochen. Frühlingszwiebeln putzen und in dünne Ringe schneiden. Schalotten schälen und würfeln. Knoblauch schälen und mit einer Messerklinge zerdrücken. Schweinebauch würfeln und schön knusprig braten. Beiseite stellen.
Etwas Öl in einem Topf erhitzen. Schalottenwürfel mit Knoblauch und Rosmarin hineingeben und glasig werden lassen. 800 ml Brühe dazugießen und aufkochen lassen. Maisgrieß unter ständigem Rühren einrieseln und bei schwacher Hitze etwa 2 Minuten kochen lassen. Parmesan, Frühlingszwiebeln, Speckwürfel und Butter unterheben. Die restliche Brühe zugießen und unterrühren. Den Topf vom Herd nehmen und beiseite stellen. Die Polenta 15–20 Minuten zugedeckt quellen lassen. Mit Salz und Pfeffer abschmecken.
Falls die Polenta zu fest ist, mit etwas Wasser oder Brühe verdünnen. Petersilie und Dill fein hacken und unterziehen.

*Für 4–6 Portionen*

**POLENTA**
1 l Hühnerbrühe
1 Bund Frühlingszwiebeln
2 Schalotten
1 Knoblauchzehe
100–150 g Schweinebauch
Olivenöl zum Braten
2 Zweige Rosmarin
250 g Maisgrieß (Polenta)
50 g Parmesan, gerieben
1 EL Butter
Salz, Pfeffer
3 EL Petersilie
1 kleine Hand voll Dillspitzen

## ROTZUNGENFILET IN FOLIE MIT OLIVEN, KAPERN UND ZITRONE

 **ROTZUNGENFILET.** Backofen auf 150 °C vorheizen. Alufolie in vier etwa 30 cm lange Stücke schneiden. Zitrone in Scheiben schneiden, zwei davon auf jedes Folienstück legen. Fischfilets aufrollen und ebenfalls auf die Folie geben. Knoblauch und Schalotten schälen und in Scheiben beziehungsweise Ringe schneiden. Filets mit Kapern, Oliven, Knoblauch und Schalotten bedecken. Folienränder hochklappen. Den Fisch salzen, pfeffern und mit etwas Öl und Kapernlake beträufeln.
Die Folienstücke zu Päckchen formen – wenn Sie es schaffen, dass sie aussehen wie kleine Boote, dann kann nichts auslaufen. Die Fischfilets 15–20 Minuten im heißen Ofen garen.

### Tolle Idee ... Sie können die Fischpäckchen auch auf den Holzkohlen- oder Elektrogrill legen.

*Für 4 Portionen*

800 g Rotzungenfilet

1 Zitrone
2 Knoblauchzehen
2 Schalotten
50 g Kapern (vorzugsweise Kapernbeeren)
100 g schwarze Oliven mit Steinen
Salz, Pfeffer
Olivenöl
Einleglake von den Kapern

**RÖSTI MIT CRÈME FRAÎCHE UND SEEHASENROGEN**

**RÖSTI.** Kartoffeln schälen und grob raspeln, salzen und pfeffern. Butter und Öl in einer Pfanne bei mittlerer Hitze heiß werden lassen. Kartoffelraspel portionsweise hineingeben, flach drücken und die Rösti auf beiden Seiten schön braun braten. Zwiebel schälen und fein würfeln. Die Rösti heiß mit Crème fraîche, Zwiebelwürfeln und Seehasenrogen servieren.

Diese Kartoffelpuffer können zum Aperitif, aber auch als Vorspeise serviert werden.
Die Kartoffeln sollten nicht lange im Wasser liegen, denn dann geht die Stärke verloren, die die Kartoffelmasse bindet.

*Für 4 Portionen*

8 Kartoffeln
Salz, Pfeffer
Butter und Öl zum Braten
1 rote Zwiebel
200 g Crème fraîche
200–300 g Seehasenrogen
 (oder Maränenrogen,
 siehe Seite 42)

HUMMER, RINDERBRUST UND WURZELGEMÜSE
IM KRÄUTERSUD MIT TOPINAMBURPÜREE

# Einfach gut!

Die Hummer lassen sich beispielsweise durch Flusskrebse ersetzen.

**HUMMERFOND.** Die Hummer in reichlich Wasser 3 Minuten kochen. (Wenn Sie sie schon fertig gekocht gekauft haben, entfällt dieser Schritt.) Das Hummerfleisch aus den Panzern lösen. Möhren, Pastinaken, Knoblauch und Zwiebel schälen. Fenchel und Zwiebel grob zerteilen. Etwas Olivenöl in einem weiten Topf heiß werden lassen. Hummerkarkassen einige Minuten darin braten. Wein mit Fischfondkonzentrat angießen, Möhren, Pastinaken, Fenchel, Zwiebel, Knoblauch, Lorbeerblätter und Pfefferkörner dazugeben. So viel Wasser zugießen, dass alles bedeckt ist. Aufkochen lassen, bis sich Schaum auf der Oberfläche bildet. Bei schwacher Hitze 1 Stunde köcheln lassen. Möhren und Pastinaken herausnehmen (sie werden später zum Gericht serviert). Den restlichen Inhalt des Topfes durch ein Sieb gießen und den Fond auf etwa 500 ml einkochen lassen – dann hat er einen guten, kräftigen Geschmack.

**TOPINAMBURPÜREE.** Topinambur schälen und in Salzwasser weich kochen. Knoblauch schälen und in einer Pfanne in etwas Olivenöl goldgelb braten.
Sobald die Topinambur weich sind, das Wasser abgießen.
Topinambur mit Knoblauch und saurer Sahne im Mixer oder mit dem Stabmixer pürieren. Das Püree mit Salz und Pfeffer abschmecken.

**KRÄUTERSUD.** Kräuter fein hacken. Hummerfond aufkochen, den Frischkäse mit dem Schneebesen einrühren und zum Schluss die Kräuter dazugeben. Den Sud salzen und pfeffern. Sie können alles auch im Mixer zerkleinern, dann wird die Brühe noch etwas sämiger und bekommt eine schöne grüne Farbe.

Rinderbrust in dünne Scheiben schneiden. Möhren, Pastinaken und die gekochten Kartoffeln grob zerkleinern, die Stücke im Kräutersud erwärmen. Zwiebel schälen und fein würfeln, Dill fein hacken. Hummerfleisch in etwas Olivenöl braten. Salzen, pfeffern und in Dill und Zwiebelwürfeln wenden. Kräutersud mit Fleisch und Gemüse in tiefe Teller füllen. Ein Stück Hummerfleisch auf jede Rindfleischscheibe legen. Das Topinamburpüree separat dazu reichen.

*Für 4 Portionen*

2 Hummer (frisch oder tiefgefroren)
600 g gepökelte Rinderbrust, gegart
10 fest kochende Kartoffeln, gegart
1 kleine Hand voll Dillspitzen
1 Schalotte

**HUMMERFOND**
2 Möhren
2 Pastinaken
3 Knoblauchzehen
1 Zwiebel
1 Fenchelknolle
Olivenöl
Hummerkarkassen
400 ml Weißwein
1 1/2 EL Fischfond-Konzentrat
2 Lorbeerblätter
5 weiße Pfefferkörner

**TOPINAMBURPÜREE**
5–7 Topinambur
4 Knoblauchzehen
Olivenöl
2 EL saure Sahne
Salz, Pfeffer

**KRÄUTERSUD**
1 Bund Dill
1 Bund Petersilie
4–5 Zweige frischer Thymian
500 ml Hummerfond
3 EL Doppelrahmfrischkäse
Salz, Pfeffer

# Einfach gut!

Das Wasser darf nur leicht sieden – nicht kochen! –, wenn Sie ein Ei hineingleiten lassen, das Ei geht sonst kaputt.

*Für 4 Portionen*

200–300 g Seehasenrogen
   (oder Maränenrogen,
   siehe Seite 42)
2 Schalotten

**POCHIERTE EIER**
1 l Wasser
100 ml Essig
1 1/2 EL Salz
4 Eier

**SAHNEDRESSING**
200 g Schlagsahne
Saft von 1 Zitrone
1 TL Zucker
Salz, Pfeffer

1 Bund Rucola
je 1 kleine Hand voll Dillspitzen
   und Petersilienblätter

**POCHIERTE EIER.** Wasser in einem Topf zum Kochen bringen. Essig und Salz hineingeben. Die Eier aufschlagen und vorsichtig in das siedende Wasser gleiten lassen. Das Wasser darf zu diesem Zeitpunkt nicht mehr sprudelnd kochen. Topf vom Herd nehmen und für 5 Minuten beiseite stellen.

**SAHNEDRESSING.** Sahne, Zitronensaft und Zucker in einer Schüssel vorsichtig verrühren, bis die Sahne ausflockt. Dressing mit Salz und Pfeffer abschmecken, falls nötig noch etwas Zitronensaft dazugeben. Den Rucola in einer Schüssel mit dem Dressing anmachen.

Schalotten schälen, fein würfeln und mit dem Seehasenrogen verrühren. Die Mischung mit Hilfe eines flexiblen Metallrings auf die Teller setzen.

Prüfen, ob die Eier fertig sind: Die Eigelbe sollten in der Mitte weich und zum Rand hin gestockt sein. Das Eiweiß in Form schneiden und jeweils ein pochiertes Ei auf den Kaviar setzen. Dill und Petersilie fein hacken und unter den Rucolasalat mischen. Die Eier mit dem Salat garnieren.

## POCHIERTE EIER MIT SEEHASENROGEN UND RUCOLASALAT

## STOCKFISCH MIT SPECK UND GLASIERTEN SCHWARZWURZELN

## ◯ Einfach gut!

Wichtig ist, dass Sie den Stockfisch wirklich sehr lange wässern und immer wieder das Wasser wechseln. Sonst kann es passieren, dass das Fleisch wabbelig wird und einen unangenehmen Beigeschmack bekommt. Gehen Sie mit Salz ruhig großzügig um, es zieht das Wasser aus dem Fisch.

**SCHWARZWURZELN.** Backofen auf 200 °C vorheizen. Schwarzwurzeln schälen und auf ein Backblech legen. Mit Olivenöl beträufeln und mit Salz und Pfeffer bestreuen. Im heißen Ofen 20–30 Minuten backen, bis sie weich sind. Zur Garprobe mit einem Messer hineinstechen.

Gewürze in einem Mörser zerstoßen. Zucker in einem Topf schmelzen. Den karamellisierten Zucker nach und nach mit Essig und Rotwein aufgießen und die Gewürze dazugeben. Dabei ständig rühren! Das Ganze kurz aufkochen lassen. Die Schwarzwurzeln in 5 cm große Stücke schneiden. In die Rotweinmarinade legen, die Butter unterziehen. Den Topf vom Herd nehmen und beiseite stellen. Die Schwarzwurzeln bis zum Servieren in der Marinade lassen, damit sie gut durchziehen können.

**STOCKFISCH.** Den Fisch mindestens 6 Stunden wässern, dann auf einem trockenen Küchentuch abtropfen lassen.
Backofen auf 175 °C vorheizen. Stockfisch in vier Teile schneiden und in eine ofenfeste Form legen. Kräftig salzen. Mit Alufolie abdecken und im heißen Ofen 30–40 Minuten garen.
Schweinebauch in Würfel schneiden und in einer Pfanne knusprig braten.

**DILLBUTTER.** Butter in einer Pfanne bräunen und durch ein Sieb gießen. Schalotte schälen und fein würfeln, Dill fein hacken. Beides unter die Butter rühren.

Den Stockfisch mit Speckwürfeln, Schwarzwurzeln, Dillbutter und luftig-lockerem Kartoffelbrei servieren.

*Für 4 Portionen*

**SCHWARZWURZELN**
1 kg Schwarzwurzeln
Olivenöl
Salz, Pfeffer

10 Pimentbeeren
4 Gewürznelken
40 g Zucker
3 EL Aceto Balsamico
100 ml Rotwein
1 EL Butter

**STOCKFISCH**
1 1/2 kg gewässerter Stockfisch
Salz

200 g Schweinebauch

**DILLBUTTER**
100 g Butter
1 kleine Hand voll Dillspitzen
1 Schalotte

TOMATEN-THYMIAN-HÄHNCHEN
AUS DEM RÖMERTOPF

## ◻ Einfach gut!

Wenn Ihnen das Zerlegen eines ganzen Huhns zu umständlich ist, kaufen Sie einfach Hähnchenteile. Und nicht vergessen, den Römertopf 15–20 Minuten zu wässern – falls er zum ersten Mal benutzt wird, sogar einen ganzen Tag lang oder über Nacht.

**HÄHNCHENTOPF.** Römertopf wässern. Möhre und Pastinake schälen und in große Stücke schneiden. Zitrone unter heißem Wasser gründlich abbürsten, dann in Scheiben schneiden. Schalotten und Knoblauch schälen. Den Knoblauch mit der Messerklinge zerdrücken, die Cocktailtomaten halbieren. Alles in einer Schüssel mischen.

Das Hähnchen zerlegen (Ober- und Unterschenkel, Brust und Flügel), salzen und pfeffern. Hähnchenteile mit den Zutaten aus der Schüssel sowie den übrigen Zutaten in den Römertopf geben und mit dem Wasser begießen. Römertopf in den kalten Backofen stellen. Hitze auf 175 °C schalten und das Ganze etwa 1 1/2 Stunden schmoren lassen.

Wenn das Hähnchenfleisch weich ist, den Bratensaft durch ein Sieb in eine Schüssel gießen.

**SAUCE.** Etwas Olivenöl in einen Topf geben und das Tomatenmark darin leicht anbraten. Mit dem Bratensaft ablöschen, dann einkochen lassen, damit der Geschmack intensiver wird. Käse hineingeben und mit den Quirlen des Handrührgeräts oder einem Schneebesen unter die Sauce rühren, damit sie schön cremig wird. Mit Salz, Pfeffer, einer Prise Zucker und etwas Zitronensaft abschmecken.

Das Hähnchen mit der Sauce servieren. Dazu passen Nudeln oder Reis.

*Für 4 Portionen*

**HÄHNCHENTOPF**
1 großes Hähnchen
1 Pastinake
1 Möhre
1 Zitrone
5 Schalotten
4 Knoblauchzehen
1 gute Hand voll Cocktailtomaten
5 Zweige Thymian
80 g Oliven
4–5 getrocknete Tomaten
3 Lorbeerblätter
300 ml Wasser
Salz, Pfeffer

**SAUCE**
Olivenöl
1/2 EL Tomatenmark
Bratensaft aus dem Römertopf
1 1/2 EL Doppelrahmfrischkäse
Salz, Pfeffer, Zucker
Zitronensaft

# Einfach gut!

Dinkel ist eine der ältesten Kulturpflanzen und der Vorläufer des Brotweizens. Man kann ihn so ähnlich zubereiten wie Bulgur. Dinkel finden Sie in jedem gut sortierten Supermarkt.

*Für 4 Portionen*

**HÄHNCHEN**
4 Hähnchenbrustfilets
16 frische Salbeiblätter
4 Scheiben Parmaschinken
Butter oder Öl zum Braten

**DINKEL**
12 Stangen grüner Spargel
6–8 getrocknete, in Öl eingelegte Tomaten
2 Schalotten
2 Knoblauchzehen
Olivenöl
270 g Dinkel oder Bulgur
700 ml Hühnerbrühe
Salz, Pfeffer
1 EL Butter
40 g Parmesan
3 EL gehackte Kräuter (zum Beispiel Basilikum, Schnittlauch, Petersilie)

**HÄHNCHEN.** Backofen auf 120 °C vorheizen. Die Hähnchenfilets auf ein Schneidebrett legen. Jedes mit 4 Salbeiblättern belegen und in eine Scheibe Parmaschinken wickeln.
Butter mit Öl in einer Pfanne erhitzen, die eingepackten Hähnchenfilets darin rundum anbraten. Herausnehmen und in eine ofenfeste Form legen. Im Backofen garen, bis das Fleisch weich ist (etwa 10 Minuten).

**DINKEL.** Spargel von den holzigen Enden befreien und schräg in Stücke schneiden. Diese 3 Minuten in Salzwasser gar kochen, dann herausnehmen und kalt abschrecken. Beiseite stellen.
Die eingelegten Tomaten in kleine Stücke schneiden. Schalotten schälen und fein würfeln, Knoblauch schälen und mit dem Messer zerdrücken. Etwas Olivenöl in einem Topf erhitzen und die Hälfte der Schalotten zusammen mit dem Knoblauch darin in 2 Minuten glasig werden lassen. Den Dinkel hinzufügen und 2 Minuten mitdünsten. Dann so viel Brühe zugießen, dass der Dinkel bedeckt ist. Alles salzen und pfeffern. Zugedeckt bei schwacher Hitze 18–20 Minuten garen. Bei Bedarf Brühe nachgießen. Sobald der Dinkel gar ist, Butter, Parmesan, restliche Schalottenwürfel, Tomaten und Spargelstücke unterheben. Zum Schluss die Kräuter untermischen und den Dinkel mit dem Hähnchen servieren.

## HÄHNCHEN-SALTIMBOCCA MIT DINKEL, SPARGEL UND GETROCKNETEN TOMATEN

## KALBSFRIKADELLEN MIT BRAUNER BUTTER, ERBSEN UND KARTOFFELPÜREE

 **FRIKADELLEN.** Wichtig: Die Zutaten müssen gut gekühlt sein, sonst reißen die Fleischplätzchen. Hackfleisch mit Salz und Pfeffer bestreuen. Mit den Knethaken des Handrührgeräts vermischen. Nacheinander die Eigelbe unterrühren, dann 200 g Sahne in feinem Strahl zugeben. Restliche Sahne halbsteif schlagen. Fleischmasse in eine Schüssel geben, die Sahne unterziehen. Kurz kalt stellen, damit sich die Masse leichter formen lässt.
Die Baguettescheiben entrinden, das weiche Innere im Mixer oder in der Küchenmaschine zerkrümeln. Mit nassen Händen aus dem Fleischteig 4 Frikadellen formen und diese in den Brotkrumen wenden. Öl und Butter in einer Pfanne erhitzen und die Frikadellen darin auf jeder Seite goldbraun braten – das dauert jeweils etwa 6–7 Minuten. Die Schalotten schälen und würfeln, die Petersilie hacken.
Die aufgetauten Erbsen in etwas Butter schwenken. Schalotten und Petersilie dazugeben, das Gemüse mit Salz, Pfeffer und Zucker abschmecken.

Die Kartoffeln kochen und zu Püree verarbeiten.
Die Butter in einer Pfanne bei mittlerer Hitze braun werden lassen. Zu den Fleischplätzchen servieren.

## Tolle Idee …
Zu diesem Gericht schmecken Preiselbeerkompott und Gurkensalat ausgezeichnet. Das gehackte Kalbfleisch kann durch kein anderes Hackfleisch ersetzt werden.

*Für 4 Portionen*

**FRIKADELLEN**
500 g Hackfleisch vom Kalb
Salz, Pfeffer
4 Eigelb
400 g Schlagsahne
10 Scheiben Baguette
Butter und Öl zum Braten

2 Schalotten
300 g TK-Erbsen
3 EL Petersilienblätter
Salz, Pfeffer, Zucker

**KARTOFFELPÜREE**
1 kg geschälte Kartoffeln
200 ml Milch
50 g Butter
Salz, Pfeffer

**BRAUNE BUTTER**
150 g Butter

## HACKFLEISCH-PIE MIT PFIFFERLINGEN

 **PIE-TEIG.** Backofen auf 200 °C vorheizen. Alle Zutaten mischen und zu einem glatten Teig verkneten. Eine Arbeitsfläche mit Mehl bestreuen und den Teig darauf ausrollen. Eine Pieform (24 cm Ø) damit auskleiden.

**FÜLLUNG.** Pfifferlinge putzen. Zwiebeln schälen und in dünne Ringe schneiden. Knoblauchzehen schälen und mit der Messerklinge zerdrücken. Etwas Öl in einer Pfanne erhitzen und Zwiebeln, Knoblauch und Pilze darin braten, bis sie etwas Farbe angenommen haben. Alles an den Pfannenrand schieben, um Platz zu schaffen. Das Hackfleisch krümelig anbraten, dann mit der Pilz-Zwiebel-Mischung vermengen. Salzen, pfeffern und auf dem ungebackenen Pie-Teig verteilen.

**GUSS.** Crème fraîche und Mayonnaise in einer Schüssel verrühren. Auf der Hackfleischmischung verteilen und mit dem Parmesan bestreuen. Den Pie etwa 20–30 Minuten backen. Mit knackigem Salat und herzhaftem Brot servieren.

## Tolle Idee ...
Das ist mein absoluter Lieblingspie. Natürlich können Sie ihn beliebig variieren. Das Rezept habe ich meinem guten Freund Ulle abgeluchst.

*Für 4–6 Portionen*

**PIE-TEIG**
50 g weiche Butter
240 g Mehl
150 ml Milch
2 TL Backpulver

**FÜLLUNG**
250 g Pfifferlinge
2 Zwiebeln
(oder zwei große Schalotten)
2 Knoblauchzehen
Öl zum Braten
500 g gemischtes Hackfleisch
Salz, Pfeffer

**GUSS**
500 g Crème fraîche (oder saure Sahne)
4 EL Mayonnaise (80- oder 50-prozentig)
140 g geriebener Parmesan

# SCHWEINEBRATEN MIT WIRSING, BLUMENKOHL UND SALZKARTOFFELN

# Einfach gut!

Diese Gemüsekombination ist auch eine tolle Beilage zu Fisch, schmeckt aber allein ebenfalls super.

**SCHWEINERÜCKEN UND KRÄUTERPASTE.** Backofen auf 175 °C vorheizen. Knoblauch schälen. Alle Zutaten für die Kräuterpaste in einem Mörser mischen und zu einer groben Paste verarbeiten. Den Schweinerücken gut salzen und pfeffern. Das Fleisch kräftig anbraten, dann aus der Pfanne nehmen und mit der Kräuterpaste bestreichen. Den Braten auf ein Gitter legen und im Backofen garen, bis die Kerntemperatur 65–68 °C beträgt.

**SAUCE.** Zwiebel schälen und grob würfeln, Sardellenfilets grob hacken. Das Wasser in ein tiefes Backblech gießen, Zwiebelwürfel, Sardellen und die Lake dazugeben. Das Blech unter das Gitter mit dem Fleisch schieben, damit der Fleischsaft hineintropfen kann. Die Sauce durch ein Sieb gießen und vor dem Servieren über das Fleisch geben.

**GEMÜSE.** Kartoffeln in Salzwasser gar kochen. Wirsing in schmale Streifen schneiden, Blumenkohl in Röschen teilen. Schalotten schälen und in dünne Ringe schneiden. Kartoffeln abgießen und halbieren. Butter und Öl in einem Topf erhitzen, Blumenkohl und Wirsing darin weich garen. Zum Schluss mit Kartoffeln, Schalotten und Petersilie mischen und zum Braten servieren.

*Für 4 Portionen*

1–1,5 kg Schweinerücken
   ohne Knochen
Salz, Pfeffer

**KRÄUTERPASTE**
2 Knoblauchzehen
3 EL frische Rosmarinblätter
3 EL frische Thymianblättchen
1 knappe Hand voll Petersilie
5 Sardellenfilets
abgeriebene Schale
   von 1/2 Zitrone
3 EL Olivenöl

**SAUCE**
1 Zwiebel
6 Sardellenfilets
300 ml Wasser
50 ml Sardellenlake

**GEMÜSE**
700 g Kartoffeln
60 g grobes Salz
1/2 Wirsing
1 kleiner Blumenkohl
2 Schalotten
Butter und Öl zum Braten
2 EL glatte Petersilie

# Einfach gut!

Nehmen Sie hierfür gemischtes Hackfleisch mit einem größeren Anteil an Schweinefleisch. Das Verhältnis zwischen Rinder- und Schweinehack sollte etwa 3:7 sein. Dann werden die Hackröllchen nicht so trocken, wie das bei zu viel Rinderhack passieren kann.

*Für 4 Portionen*

**HACKRÖLLCHEN**
100 g Bacon
1 Zwiebel
200 g Champignons
3 Scheiben Baguette
300 ml Milch
700 g gemischtes Hackfleisch
2 Eier
Salz, Pfeffer
Butter und Öl zum Braten

**SAUCE**
1 Zwiebel
200 ml kräftige Brühe
100 ml Rotwein
10 Pimentbeeren
2 Lorbeerblätter
1 EL Butter

**HONIGSELLERIE**
2 Sellerieknollen
3 Äpfel
Salz, Pfeffer
Öl
90 g Honig
1 EL Essig
50 ml Wasser
2 Schalotten
7–8 Thymianzweige
2 EL glatte Petersilie

**HACKRÖLLCHEN.** Zwiebel schälen. Bacon, Zwiebel und Champignons in kleinere Stücke schneiden. Ein wenig Butter und Öl in einer Pfanne erhitzen, die vorbereiteten Zutaten darin anbraten. Abkühlen lassen.
Brotscheiben entrinden und in der Milch einweichen. Fleisch, Eier, angebratene Zutaten aus der Pfanne und Brot zu einem geschmeidigen Teig verkneten. Mit Salz und Pfeffer würzen.
Zum Testen ein klein wenig davon anbraten und kosten, ob der Fleischteig genügend gesalzen ist. Falls nicht, nachwürzen.
Aus dem Teig Röllchen formen. Butter und Öl in einer Pfanne erhitzen und die Röllchen darin rundum durchbraten.

**SAUCE.** Zwiebel schälen und würfeln. Brühe, Wein, Piment, Zwiebel und Lorbeerblätter zu den Hackröllchen geben. Die Röllchen 7–8 Minuten schmoren lassen, dann herausnehmen, auf einen Teller geben und beiseite stellen. Den Bratensatz einkochen, bis er dickflüssig und ganz intensiv im Geschmack ist. Durch ein Sieb gießen, die Butter mit einem Schneebesen darunterschlagen. Die Hackröllchen in die Sauce legen und warm halten.

**HONIGSELLERIE.** Backofen auf 200 °C vorheizen. Sellerie schälen und in Stücke schneiden. Äpfel vierteln, von den Kerngehäusen befreien und in Spalten schneiden. Die Selleriestücke auf ein Backblech legen, salzen, pfeffern und mit etwas Öl beträufeln. 15 Minuten im Backofen garen, dann die Apfelspalten hinzufügen. Alles weitere 10 Minuten backen, bis es gar ist (zum Testen mit einem Messer hineinstechen).
Wasser und Essig in einen Topf geben und den Honig darin auflösen. Mit Salz und Pfeffer würzen. Zwiebeln schälen und würfen, Thymianblättchen abzupfen.
Wenn Sellerie und Äpfel weich sind, mit der Honigmarinade übergießen und Zwiebelwürfel, Petersilie und Thymian untermischen.

GESCHMORTE HACKRÖLLCHEN
MIT PIMENT, DAZU ÄPFEL UND SELLERIE
MIT HONIG-VINAIGRETTE

GEKOCHTES KALBFLEISCH IN DILLSAUCE
MIT MINIKARTOFFELN

# Einfach gut!

Dieses Gericht gehört zu meinen absoluten Favoriten, und ich kann nur jedem empfehlen, es mal auszuprobieren. Statt der Minikartoffeln können Sie auch eine normale fest kochende Lagerkartoffelsorte nehmen. Dann reichen jedoch zehn Stück.

**DILLFLEISCH.** Fleisch in 4 x 4 cm große Stücke schneiden. In einen Topf geben, mit kaltem Wasser bedecken und salzen. Aufkochen lassen, gelegentlich abschäumen.

Möhren, Pastinaken, Sellerie und Zwiebeln schälen und unzerteilt mit Pfefferkörnern und Lorbeerblättern zum Fleisch geben. Dillspitzen abzupfen. Dillstängel in die Brühe geben, Dillspitzen fein hacken und beiseite stellen. Fleisch und Gemüse 1–1 1/2 Stunden bei mittlerer Hitze garen. Ein Stück Fleisch herausnehmen und probieren, ob es schon schön zart ist. Es sollte so weich sein, dass es auf der Zunge zergeht. Das Fleisch und das gekochte Gemüse in eine Schüssel geben und mit Plastikfolie abdecken. Die Fleischbrühe durch ein Sieb gießen und für die Sauce weiterverwenden.

**DILLSAUCE.** Milch und Sahne in die Brühe rühren. Die Flüssigkeit aufkochen und etwa 10 Minuten einkochen lassen. Maisstärke mit etwas Wasser anrühren und die Sauce damit binden. Sauce mit Zucker, Essig, Zitronenschale und -saft, Salz und Pfeffer abschmecken. Wichtig: Das Verhältnis zwischen Säure und Süße soll ausgewogen sein.

Das Gemüse in Stücke teilen und mit dem Fleisch in die Sauce legen. Unmittelbar vor dem Servieren die gehackten Dillspitzen untermischen. Wenn man den Dill zu früh unter die Sauce rührt, verliert er seine schöne frische Farbe.

**KARTOFFELN.** Zwiebeln schälen und fein würfeln. Wasser mit Zitronensaft und -schale, Butter oder Öl in einem Topf aufkochen. Den Sud mit Salz, Pfeffer und Zucker abschmecken.
Die Kartoffeln 5 Minuten im Sud heiß werden lassen. Zwiebelwürfel unterrühren, die Kartoffeln eventuell noch mit etwas Salz und Pfeffer nachwürzen.

*Für 4 Portionen*

**DILLFLEISCH**
1,5 kg küchenfertiges Kalbfleisch am Stück (zum Beispiel Frikandeau oder Schulter)
Salz
2 Möhren
1 1/2 Pastinaken
1/4 Knollensellerie
2 Zwiebeln
10 weiße Pfefferkörner
3 Lorbeerblätter
2 Bund Dill

**DILLSAUCE**
Brühe vom Fleisch
200 ml Milch
200 g Schlagsahne
1 1/2 EL Maisstärke
Zucker
2 EL Essig
abgeriebene Schale und Saft von 1/2 Zitrone
Salz, Pfeffer

**KARTOFFELN**
2 Schalotten
50 ml Wasser
1 EL Zitronensaft
1 EL abgeriebene Zitronenschale
1 EL Butter oder Olivenöl
Salz, Pfeffer, Zucker
20 gekochte und geschälte sehr kleine Kartoffeln (zum Beispiel Grenailles, auch »Drillinge« genannt, oder La Ratte)

# Einfach gut!

Süß-sauer eingelegter Speck passt genauso gut zu gebratenem oder im Backofen gegartem Fisch. Nehmen Sie sich genügend Zeit zum Braten großer Fleischstücke: Stress ist der schlimmste Feind des Fleisches! Lassen Sie es eine Stunde vor dem Braten Raumtemperatur annehmen. Dann verteilt sich die Wärme besser im Innern, und das Fleisch kann gleichmäßig garen.

*Für 4 Portionen*

1,5 kg Hirschnuss
Salz, Pfeffer
Butter und Öl zum Braten

**KRÄUTERPASTE**
1 Knoblauchzehe
3 EL frische Rosmarinblätter
   (oder 1/2 EL getrocknete)
3 EL frische Salbeiblätter
   (oder 1/2 EL getrocknete)
abgeriebene Schale von 1 Zitrone
1 EL Olivenöl

**SPECK IM ESSIGSUD**
300 g durchwachsener Speck
150 ml Weißweinessig
140 g heller Sirup

**APFEL-KARTOFFEL-PÜREE**
800 g fest kochende Kartoffeln
2 Schalotten
3 EL Petersilienblätter
3 Äpfel
1 Knoblauchzehe
2 EL Crème fraîche
2 EL Olivenöl
Salz, Pfeffer

**KRÄUTERPASTE.** Knoblauch schälen. Kräuter mit Zitronenschale und Knoblauch im Mörser zerstoßen und mit dem Olivenöl zu einer glatten Paste verarbeiten. Wenn Sie getrocknete Kräuter verwenden, können Sie nach Belieben noch etwas Thymian und ein Lorbeerblatt dazugeben.

**HIRSCHBRATEN.** Backofen auf 110 °C vorheizen. Das Fleisch salzen und pfeffern. Butter und Öl in einer Pfanne erhitzen und das Fleisch darin rundum kräftig anbraten.
Den Braten auf ein Backblech legen und rundum mit der Kräuterpaste bestreichen. Im vorgeheizten Ofen garen, bis das Fleisch eine Kerntemperatur von 57 °C hat. Sollte es Ihnen dann noch zu roh sein, lassen Sie es einfach noch ein Weilchen weiterbraten.

**SPECK IM ESSIGSUD.** Speck in etwa 2 x 2 cm große Würfel schneiden. In einen Topf geben und mit Essig und Sirup begießen. Die Flüssigkeit sollte den Speck bedecken. Etwa 30 Minuten bei schwacher Hitze köcheln lassen, bis er rotbraun ist und den süß-sauren Geschmack des Suds angenommen hat.

**APFEL-KARTOFFEL-PÜREE.** Kartoffeln schälen und kochen. Schalotten schälen und fein würfeln, Petersilie grob hacken. Äpfel schälen, vierteln, von den Kerngehäusen befreien und in Spalten schneiden. Knoblauch schälen und reiben.
Das Kartoffelwasser abschütten und die restlichen Püree-Zutaten zu den Kartoffeln geben. Alles mit dem Kartoffelstampfer zerdrücken, bis das Püree die gewünschte Konsistenz hat. Das Püree mit Salz und Pfeffer abschmecken.

HIRSCHBRATEN MIT SÜSS-SAUREM SPECK UND APFEL-KARTOFFEL-PÜREE

SEEMANNSTOPF

# Einfach gut!

Probieren Sie Fleisch mit langen Garzeiten ruhig einmal öfter,
um festzustellen, ob es schon weich ist.

**EINTOPF.** Kartoffeln und Pastinaken schälen und in etwa 5 mm dicke Scheiben schneiden. Zwiebeln schälen und in dünne Ringe schneiden. Ein wenig Butter in einer Pfanne erhitzen und die Zwiebelringe darin anbraten. In eine Schüssel geben und beiseite stellen. Fleisch erst anbraten, dann salzen und pfeffern. Aus der Pfanne nehmen und den Bratsatz mit etwas Wasser loskochen. Die Flüssigkeit in einen Schmortopf gießen und Fleisch, Zwiebeln, Kartoffeln und Pastinaken abwechselnd hineinschichten. Zum Schluss Brühe und Bier angießen und die Kräuter hinzufügen. Aufkochen lassen, die Hitze reduzieren und den Topf mit dem Deckel schließen. Alles etwa 1 Stunde köcheln lassen. Mit Salz und Pfeffer abschmecken.

**SAUCE.** Petersilie fein hacken, Schalotte schälen und würfeln. Wenn das Fleisch weich ist, den Garsud in einen anderen Topf seihen. Aufkochen lassen und mit der in etwas Wasser verrührten Speisestärke leicht andicken. Die Sauce mit Senf, Salz, Pfeffer und Zucker würzen und über das Fleisch gießen. Zum Schluss das Gericht mit Petersilie und Schalottenwürfeln bestreuen.
Dazu passt Preiselbeerkompott.

*Für 4 Portionen*

**EINTOPF**
1 kg Kartoffeln
2 Pastinaken
3 Zwiebeln
Butter zum Braten
8 Scheiben Rindfleisch
   aus der Oberschale
Salz, Pfeffer
200 ml Brühe (vorzugsweise
   von Kalbfleisch)
400 ml dunkles Bier
1/2 EL getrocknete
   Thymianblättchen
   (oder 6 Zweige frischer)
3 Lorbeerblätter
9 Wacholderbeeren

**SAUCE**
3 EL Petersilienblätter
1 Schalotte
Garsud vom Fleisch
1 1/2 EL Speisestärke
1–2 EL Dijon-Senf
Salz, Pfeffer, Zucker

# Einfach gut!

Zu diesen Rinderrouladen schmeckt der eingelegte Kürbis von Seite 16.

*Für 4 Portionen*

**RINDERROULADEN**
8 dünne Scheiben Rindfleisch
  von der Oberschale
2 kleine Möhren
1/4 Knollensellerie
1/2 Stange Lauch
150 g scharfe Wurst
  (beispielsweise Chorizo)
Dijon-Senf
Salz, Pfeffer
Olivenöl und Butter zum Braten
Holzspießchen

**SAUCE**
1 Zwiebel
Butter oder Öl zum Braten
2 EL Tomatenmark
je 400 ml Porter (oder ein anderes
  dunkles Bier) und Brühe
2 Lorbeerblätter
1 1/2 EL Doppelrahmfrischkäse
3/4 EL Speisestärke
Salz, Pfeffer
Preiselbeersaft oder Gelee von
  Schwarzen Johannisbeeren

**KARTOFFELKUCHEN**
1,5 kg Kartoffeln
2 EL zerlassene Butter
Salz, Pfeffer
Butter und Öl zum Braten

**GURKENGEMÜSE**
1/2 Salatgurke
1 EL Petersilie
Butter
Salz, Pfeffer
1 EL Schalottenwürfel

**RINDERROULADEN.** Backofen auf 175 °C vorheizen. Möhren und Sellerie schälen. Lauch putzen. Gemüse und Wurst in Stifte schneiden. Jede Fleischscheibe dünn mit Senf bestreichen.
Gemüse und Wurst auf den Fleischscheiben verteilen, diese aufrollen und mit Holzspießen feststecken. Salzen und pfeffern. Rouladen in Butter und Öl in einer Pfanne kräftig anbraten. In eine ofenfeste Form legen.

**SAUCE.** Zwiebel schälen und in Ringe schneiden. Butter oder Öl in der Pfanne erhitzen und die Zwiebelringe darin glasig werden lassen. Tomatenmark, Porter, Brühe und Lorbeerblätter dazugeben. 10 Minuten kochen lassen, bis sich der bittere Geschmack des Bieres verflüchtigt hat. Rouladen mit der Sauce begießen und zugedeckt im Ofen 1 Stunde schmoren. Mit einem Zahnstocher hineinstechen, um zu testen, ob sie gar sind. Die Rouladen aus dem Backofen nehmen und die Holzstäbchen entfernen. Schmorsud durch ein Sieb in einen zweiten Topf gießen und auf 500 ml einkochen. Den Käse mit dem Schneebesen einrühren und die Sauce aufkochen. Speisestärke in etwas Wasser verrühren und die Sauce damit binden. Mit Salz und Pfeffer sowie Preiselbeersaft oder Gelee abschmecken. Rouladen in die Sauce legen, bis zum Servieren darin warm halten.

**KARTOFFELKUCHEN.** Kartoffeln schälen und grob raspeln. Zerlassene Butter unterrühren, die Masse salzen und pfeffern. Etwas Butter und Öl in der Pfanne erhitzen. Die Kartoffelmasse hineingeben und mit einem Bratenwender etwas flach drücken. 5–10 Minuten bei mittlerer Hitze braten, bis der Kuchen eine schöne goldgelbe Farbe angenommen hat. Mit Hilfe eines Deckels oder eines Tellers wenden. Die andere Seite bei schwacher Hitze braten, bis sie gebräunt und der Kartoffelkuchen weich ist. Mit einem Messer hineinstechen, um zu prüfen, ob er fertig ist.

**GURKENGEMÜSE.** Gurke schälen und längs halbieren, das Kerngehäuse mit einem Löffel herausschaben. Die Gurke schräg in Stücke schneiden. Petersilie hacken. Etwas Butter in einem Topf erhitzen, die Gurke hineingeben und ein wenig Wasser zugießen. Mit Salz und Pfeffer würzen. Die Gurke bei schwacher Hitze erwärmen. Kurz vor dem Servieren mit Schalottenwürfeln und Petersilie bestreuen.

**RINDERROULADEN MIT KARTOFFELKUCHEN UND GURKENGEMÜSE**

# EIN FEST FÜR FREUNDE

Ein Fest soll Spaß machen! Das klingt selbstverständlich, aber manchmal ist es kein Genuss, Gäste einzuladen – besonders wenn man da steht mit Schürze und Schneebesen, und der Aperitif ist noch lange nicht in Sicht.

Um Spaß an Ihrer Party zu haben, müssen Sie mit Ihren Gästen mitfeiern. Versuchen Sie, so viel wie möglich am Vortag fertig zu stellen. Ich hielt mich natürlich mal wieder nicht an meine eigenen Regeln und kam zu dem Fest, das sie hier sehen, mit hängender Zunge gerade mal eine Stunde vor Ankunft meiner Gäste nach Hause. Deshalb übertrug ich einem der Gäste das Öffnen der Flaschen – was ihn in beste Laune versetzte. Apropos: Wenn Sie in Sachen Weinauswahl unsicher sind, hilft man Ihnen in einem Fachgeschäft sicher gern weiter.

Noch ein Tipp: Experimentieren Sie nicht, sondern bieten Sie nur Gerichte an, die Sie vorher schon öfter gekocht haben. Ein Fest ist wirklich der falsche Zeitpunkt für kreatives Chaos und die Verwirklichung ausgefallener Kochideen. Aber auch Gerichte, die man mit links macht, müssen abgeschmeckt und abgerundet werden – rechnen Sie also damit, dass Sie nach all dem Naschen und Probieren gar nicht mehr hungrig sind, wenn das Essen auf dem Tisch steht. Es muss nicht unbedingt alles fertig sein, wenn die Gäste eintreffen. Manche Gastgeber mögen es, wenn jemand in der Küche noch letzte Hand mit anlegt. Andere (ich nenne hier keine Namen) haben es nicht so gern, wenn man ihnen hineinredet. Ich persönlich finde es toll, in der Küche Gesellschaft zu haben.

Ein Gericht muss nicht super originell sein, um gut zu schmecken. Wichtig ist, dass Sie sich zum Kochen Zeit nehmen und sich nicht ablenken lassen. Was Sie nicht vergessen sollten: Tolle Deko kommt immer gut an. Wenn Sie einen Garten haben, nehmen Sie das, was Sie gerade so finden, egal, ob schöne Blätter, Blumen oder Beeren.

Das Einfache ist oft das Beste, und beim Kochen ist das nicht anders. Sehen Sie auf den nächsten Seiten, wie ich meine Gäste bewirtet habe.

## MUSCHELN IN WEISSWEIN

*Für 4 Portionen*

2 kg Miesmuscheln
2 Schalotten
3 Knoblauchzehen
1 Fenchelknolle
Öl zum Braten
Salz, Pfeffer
400 ml Weißwein
3 EL Petersilienblätter

Muscheln unter fließendem kaltem Wasser bürsten. Geöffnete Exemplare wegwerfen. Zwiebeln, Knoblauch und Fenchel fein würfeln und in heißem Öl in einem großen Topf anbraten.
Muscheln zugeben und einige Minuten dünsten. Salzen und pfeffern. Wein angießen und Deckel auflegen. Muscheln 6–8 Minuten dämpfen. Petersilie hacken.
Muscheln und Sud in eine große Schüssel füllen und mit Petersilie bestreuen.

## GRATINIERTE KREBSE

*Für 4 Portionen*

10–15 Krebse
300 g weiche Butter
1 EL Currypulver
abgeriebene Schale und
   Saft von 1/2 Zitrone
2 Knoblauchzehen
Salz, Pfeffer

Backofen auf 220 °C vorheizen. Butter mit Curry, Zitronensaft und Zitronenschale mischen. Knoblauch schälen, dazupressen und unterrühren. Buttermischung mit Salz und Pfeffer abschmecken. Krebse längs halbieren, die Schnittflächen mit gewürzter Butter bestreichen. 5–7 Minuten im Ofen überbacken.

## MINIBAGUETTES

*Für 24 Stück*

10 g Hefe (1/4 Würfel)
500 ml kaltes Wasser
900 g Mehl
1 EL Salz
50 ml Olivenöl
200 g Maisgrieß

Hefe, Wasser und Mehl in einer Schüssel zu einem Teig verarbeiten, diesen 10–15 Minuten kneten. Salzen und noch einige Minuten weiterkneten. Hefeteig 2 Stunden gehen lassen oder über Nacht in den Kühlschrank stellen.
Teig halbieren, zwei große Laibe daraus formen und diese 5 Minuten ruhen lassen.

Jeden Laib in 12 Stücke teilen und daraus Minibaguettes formen. Diese in Maismehl wälzen und nochmals 1 Stunde unter Frischhaltefolie oder einem feuchten Tuch gehen lassen.

Inzwischen den Backofen auf 250 °C vorheizen und ein Blech hineinschieben. Die Baguettes auf ein zweites Blech setzen. In den Backofen schieben und die Hitze auf 225 °C reduzieren. Etwas Wasser auf das inzwischen heiße Blech gießen, damit die Baguettes knusprig werden. Die Brote 10–12 Minuten backen.

## THUNFISCHCREME MIT OLIVEN

*Für 4 Portionen*

380 g Mayonnaise
100 g Thunfisch in Lake
40 g entsteinte schwarze Oliven
3 Sardellen
200 g saure Sahne
Saft und abgeriebene Schale
 von 1/2 Zitrone
Salz, Pfeffer

Mayonnaise in eine Schüssel geben. Thunfisch, Oliven und Sardellen fein hacken und unter die Mayonnaise mischen. Anschließend Sahne, Zitronensaft und Zitronenschale unterrühren. Mit Salz und Pfeffer abschmecken.

## PARMESANCREME MIT KAPERN

*Für 4 Portionen*

380 g Mayonnaise
2 EL Kapern
3 EL frische Kräuter
   (Estragon, Petersilie)
40 g frisch geriebener
   Parmesan
200 g saure Sahne
Salz, Pfeffer, Zitronensaft

Mayonnaise in eine Schüssel geben. Kapern und Kräuter hacken und mit Parmesan und saurer Sahne unter die Mayonnaise rühren. Mit Salz, Pfeffer und etwas Zitronensaft abschmecken. Sollten Sie gerade keine frischen Kräuter zur Hand haben, lassen Sie sie einfach weg.

EINGEMACHTE GEWÜRZBIRNEN MIT ORANGEN

# Einfach gut!

Wenn sich die eingekochten Birnen länger halten sollen, müssen Sie mehr Zucker dazugeben. Er konserviert und verhindert, dass die Früchte schnell zu gären beginnen. Diese Birnen passen auch prima zum Schokoladenkuchen auf Seite 86.

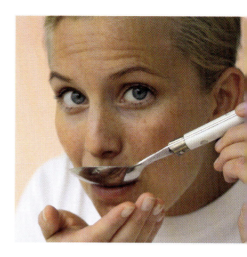

**BIRNEN.** Die Birnen schälen, aber die Stiele dranlassen. Birnen in eine Schüssel mit Wasser und Zitronensaft legen, damit sie sich nicht dunkel verfärben.
Orangensaft mit Honig, Zucker, Zimtstangen, Fenchelsamen, Kardamomkapseln und der aufgeschlitzten Vanilleschote in einen Topf geben, alles aufkochen.
Birnen in den gewürzten Saft legen. Mit Butterbrotpapier abdecken, damit sich die Früchte nicht verfärben, wenn sie an die Oberfläche steigen.
15 Minuten bei mittlerer Hitze köcheln lassen. Die Kochzeit kann je nach Birnensorte variieren. Stechen Sie probeweise mit einem Messer in eine Birne, um festzustellen, ob sie weich ist. Dann den Topf vom Herd nehmen und die Birnen zugedeckt abkühlen lassen.
Die Birnen mit dem Saft in sorgfältig gereinigte Einmachgläser füllen und im Kühlschrank aufbewahren.

10–15 kleine Birnen
Saft von 1/2 Zitrone
1,5 l Orangensaft (am besten mit Fruchtfleisch)
350 g Honig
80 g Zucker
2 Zimtstangen
1 EL Fenchelsamen
1 EL Kardamomkapseln
1 Vanilleschote, aufgeschlitzt

Butterbrotpapier

(480 g Zucker)

# Einfach gut!

Diese Eiercreme kenne ich aus Dänemark. Sie ist ideal, wenn es schnell gehen muss, weil sie im Handumdrehen fertig ist und sich vielseitig einsetzen lässt. Weil sie so gut schmeckt, sind die angegebenen Mengen gleich ein bisschen großzügiger bemessen.

*Für 4 Portionen*

**ERDBEEREN**
1 kg Erdbeeren
Saft und abgeriebene Schale
　von 2 Limetten
50 g Rohrzucker oder normaler
　Zucker
3 EL Basilikumblätter

**EIERCREME**
5 Eigelb
80 g Zucker
1 EL Vanillezucker
500 g Schlagsahne

**ERDBEEREN.** Erdbeeren putzen und klein schneiden. Limettenschale mit Zucker vermischen. Die Erdbeeren damit bestreuen, den Limettensaft darüberträufeln. Das Basilikum hacken und ebenfalls darüberstreuen. Alles gut mischen und mindestens 15 Minuten ziehen lassen.

**EIERCREME.** Eigelbe, Zucker und Vanillezucker so lange mit einem Schneebesen schlagen, bis die Masse hell und dickschaumig ist. Die Schlagsahne mit den Quirlen des Handrührgeräts steif schlagen und ganz vorsichtig mit einem Teigspatel unter die Eimasse heben. Die Creme sollte leicht meliert sein.

Die Erdbeeren mit der Creme in Glasschalen oder auf Tellern anrichten.

ERDBEEREN MIT BASILIKUM, LIMETTEN UND EIERCREME

# ◨ Einfach gut!

Panna cotta kann ganz verschieden aromatisiert werden. Eine elegante Variante wäre, sie mit zwei Esslöffeln starkem Kaffee zu verfeinern.

**PANNA COTTA.** Vanilleschote aufschlitzen, das Mark herausschaben. Schlagsahne in einem Topf mit Vanilleschote, Vanillemark und Zucker aufkochen lassen. Die Gelatineblätter in reichlich kaltem Wasser einweichen, dann ausdrücken und unter ständigem Rühren in der warmen Sahne auflösen. Die Vanilleschote herausfischen und die dickflüssige Masse in Schälchen füllen. In den Kühlschrank stellen und die Creme fest werden lassen.

**LIMETTENMARINADE.** Limettenschale mit Zucker vermischen. Die Beeren unterheben und das Ganze mit Limettensaft beträufeln. Die Panna cotta damit garnieren.

*Für 4 Portionen*

**PANNA COTTA**
1 Vanilleschote
400 g Schlagsahne
40 g Zucker
1 1/2 Blatt Gelatine

**LIMETTENMARINADE**
Saft und abgeriebene Schale
   von 2 Limetten
60 g Zucker
200 g Beeren (Heidelbeeren,
   Erdbeeren, Brombeeren oder
   Himbeeren)

# SCHOKOLADENKUCHEN MIT RHABARBERKOMPOTT

**SCHOKOLADENKUCHEN.** Backofen auf 180 °C vorheizen. Schokolade hacken. In eine große Metallschüssel geben und diese auf einen Topf mit etwas siedendem Wasser setzen. Die Schokolade mit Butter und Puderzucker unter ständigem Rühren schmelzen.
Das Mehl dazusieben und unterrühren, dann die Eier nacheinander dazugeben. Den Saft und die Schale der Orange hinzufügen und gründlich untermischen. Eine Springform mit Butter ausfetten und den Teig hineinfüllen. Kuchen im Ofen 18–20 Minuten backen.

**KOMPOTT.** In einem Topf das Wasser mit Zucker, Sternanis, Orangensaft und Orangenschale aufkochen. Rhabarber waschen, schälen und in längliche Stücke schneiden. Diese in die Zuckerlösung geben und kurz bei starker Hitze aufkochen lassen, damit sie weich werden. Beiseite stellen und abkühlen lassen. Den Schokoladenkuchen mit dem Rhabarberkompott servieren.

## Tolle Idee ...
Rhabarber verträgt sich auch hervorragend mit Erdbeeren – probieren Sie es doch einfach mal aus!

*Für 6–8 Portionen*

**SCHOKOLADENKUCHEN**
250 g Zartbitterschokolade (Kuvertüre)
250 g Butter
240 g Zucker
90 g Mehl
4 Eier
Saft und abgeriebene Schale von 1 Orange

**KOMPOTT**
150 ml Wasser
240 g Zucker
Saft und abgeriebene Schale von 1 Orange
3 Sternanis

5 Stangen Rhabarber (etwa 500 g)

## ZITRONEN-RUM-PARFAIT MIT BALSAMICO-ERDBEEREN

 **PARFAIT.** Wasser in einem Topf mit Zucker und Honig aufkochen und abkühlen lassen. Die Eigelbe mit der Zuckerlösung in einer Schüssel verrühren. Diese auf einen Topf mit heißem Wasser setzen und die Masse so lange schlagen, bis sie fast weiß und schön schaumig ist (etwa 5 Minuten). Rum, Zitronensaft und Zitronenschale unterrühren. Die Creme abkühlen lassen. Schlagsahne halbsteif schlagen und unter die Eiercreme heben. Die Creme in eine Kastenform füllen. Die Form einige Male gegen die Tischkante schlagen, damit die Luftblasen entweichen. Das Parfait für mindestens 24 Stunden ins Gefriergerät stellen.

**ERDBEEREN.** Früchte waschen, putzen und halbieren. Essig mit Rotwein und Honig aufkochen und etwas einkochen lassen. Kurz abkühlen lassen, dann über die Erdbeeren gießen.

Wenn Sie die Form kurz in warmes Wasser tauchen, lässt sich das Parfait besser herauslösen. Stürzen Sie es 15 Minuten vor dem Servieren auf eine Platte, und stellen Sie diese bis zum Servieren in den Kühlschrank.

### Tolle Idee ...
Bereiten Sie das Parfait rechtzeitig vor. Es muss mindestens einen Tag im Gefriergerät bleiben, bevor es serviert werden kann.

*Für 6–8 Portionen*

**PARFAIT**
50 ml Wasser
60 g Zucker
1/2 EL Honig
8 Eigelb
3 EL Rum
Saft und abgeriebene Schale
   von 1 Zitrone
500 g Schlagsahne

**MARINIERTE ERDBEEREN**
1 kg Erdbeeren
200 ml Aceto Balsamico
200 ml Rotwein
240 g Honig

# Einfach gut!

Es gibt die verschiedensten Schokoladensorten mit unterschiedlich hohem Kakaogehalt. Kaufen Sie auf alle Fälle eine Schokolade von bester Qualität. Bei einem Kakaoanteil von 60–70 Prozent sollten Sie die Schokoladenmenge auf 375 Gramm reduzieren.

*Für 6–8 Portionen*

**MOUSSE**
225 g Schlagsahne
225 ml Milch
1 Vanilleschote, längs aufgeschlitzt
80 g Zucker
6 Eigelb

450 fein gehackte Zartbitterschokolade (Kuvertüre)
500 g halbsteif geschlagene Schlagsahne

**FRÜCHTE**
200 ml Wasser
160 g Zucker
7 Passionsfrüchte
5 Birnen
Saft und abgeriebene Schale von 1/2 Zitrone

**MOUSSE.** Schlagsahne mit Milch und Vanilleschote aufkochen. In der Zwischenzeit Eigelbe und Zucker mit dem Handrührgerät oder einem Schneebesen hell und cremig aufschlagen. Die Sahnemilch zur Eiercreme gießen und beides gut miteinander verrühren.
Die Sauce in den Sahne-Topf gießen und vorsichtig erwärmen. Sie darf nicht kochen, sonst flockt sie aus. Unter ständigem Rühren andicken lassen. Die gehackte Schokolade in eine Schüssel geben und die Vanillesauce darübergießen. Gut verrühren, damit die Schokoladencreme schön glatt wird. Abkühlen lassen.
Ganz vorsichtig die geschlagene Sahne unter die Schokoladencreme heben. Die Schüssel mit Frischhaltefolie abdecken und für mindestens 1 Stunde ins Gefriergerät stellen.

**FRÜCHTE.** Wasser mit Zucker in einen Topf geben und aufkochen lassen. Die Passionsfrüchte halbieren, das Fruchtfleisch herausschaben und beiseite stellen. Die Birnen schälen, vierteln und von den Kerngehäusen befreien, die Birnenviertel in Spalten schneiden.
Die Birnenspalten mit Zitronensaft und -schale in die Zuckerlösung geben und köcheln lassen, bis sie weich sind. Das Passionsfruchtfleisch untermischen.

Kompott auf Tellern anrichten. Mit einem Löffel Nocken von der Mousse abstechen, diese dekorativ auf das Kompott setzen. Den Löffel vorher in warmes Wasser tauchen.

SCHOKOLADENMOUSSE
MIT PASSIONSFRÜCHTEN UND BIRNEN

KÄSEKUCHEN MIT HIMBEEREN,
BROMBEEREN UND HEIDELBEEREN

# Einfach gut!

Wenn Sie die Beeren im Limettenzucker von Seite 82 wenden, schmeckt der Käsekuchen noch raffinierter.

**MÜRBETEIG.** Marzipan mit Salz in die Rührschüssel der Küchenmaschine geben und mit dem Messereinsatz glatt rühren. Danach die Butterstücke unterarbeiten. Das Ei und zum Schluss das Mehl hinzufügen. Danach den Teig nicht mehr zu lange kneten, damit er beim Backen schön mürbe wird.
Den Teig in Frischhaltefolie wickeln und für mindestens 1 Stunde in den Kühlschrank legen.
Backofen auf 175 °C vorheizen.
Die Arbeitsfläche leicht mit Mehl bestäuben und den Teig darauf etwa 2 mm dick ausrollen.
Die Springform mit dem Teig auskleiden und diesen am Rand gut andrücken, damit sich keine Luftblasen zwischen Teig und Form bilden. Die ausgekleidete Form für 10 Minuten ins Gefriergerät stellen, dann sofort in den Backofen geben und backen, bis der Mürbeteigboden goldgelb ist. Das dauert 12–13 Minuten.

**BELAG.** Ofentemperatur auf 150 °C reduzieren. Die Schokolade auf dem Wasserbad oder im Mikrowellengerät schmelzen. Den Frischkäse mit dem Zucker verrühren, danach die Eier dazugeben und so lange mit dem Schneebesen schlagen, bis die Creme glatt ist. Einige Esslöffel davon unter die geschmolzene Schokolade heben, um sie etwas zu temperieren. Die warme Schokolade könnte sich sonst absetzen, wenn man sie mit der kalten Creme mischt. Die temperierte Schokolade mit Zitronensaft und -schale unter die Creme rühren. Die Käsemasse in den Mürbeteigboden füllen und glatt streichen. Den Kuchen 30–35 Minuten im heißen Ofen backen. Vielleicht ist er danach in der Mitte noch etwas locker, aber das wird beim Abkühlen später fest. Mit Himbeeren, Brombeeren und Heidelbeeren garnieren.

*Für 6–8 Portionen*

**MÜRBETEIG**
125 g Marzipanrohmasse
1 Prise Salz
125 g Butter in Stückchen
1 Ei
210 g Mehl

**BELAG**
120 g weiße Schokolade
600 g Doppelrahmfrischkäse
60 g Zucker
3 Eier
Saft und abgeriebene Schale von 1 Zitrone

Himbeeren, Brombeeren und Heidelbeeren zum Garnieren

# Einfach gut!

Die Backzeit hängt von der Backform ab, die Sie verwenden. Gewöhnen Sie sich an, immer mit einem dünnen Messer oder einem Holzspieß in die Mitte des Kuchens zu stechen. Haftet nach dem Herausziehen Teig daran, ist der Kuchen noch nicht fertig. Diesen Pie-Teig können Sie für alle süßen Pies verwenden.

*Für 6–8 Portionen*

**PIE-TEIG**
125 g Marzipanrohmasse
1 Prise Salz
125 g Butter in Stückchen
1 Ei
210 g Mehl

**FÜLLUNG**
240 g Zucker
3 Eier
65 g Mandelkerne
3 Bittermandelkerne
375 g Quark
45 g Mehl
2 TL Backpulver
275 g TK-Heidelbeeren
abgeriebene Schale von 1 Zitrone

**KARDAMOMCREME**
150 g Crème fraîche
150 g Joghurt
2 EL Puderzucker
1 TL gemahlener Kardamom

**PIE-TEIG.** Marzipan mit Salz in die Rührschüssel der Küchenmaschine geben und mit dem Messereinsatz glatt rühren. Die Butter zugeben.
Erst das Ei, dann das Mehl hinzufügen. Danach den Teig nicht mehr zu lange kneten, damit er beim Backen schön mürbe wird.
Den Teig in Frischhaltefolie wickeln und für mindestens 1 Stunde in den Kühlschrank legen.
Backofen auf 175 °C vorheizen.
Eine Arbeitsfläche leicht mit Mehl bestäuben. Den Teig darauf etwa 2 mm dick ausrollen.
Eine Springform mit dem Teig auskleiden. Diesen am Rand gut andrücken, damit sich keine Luftblasen zwischen Teig und Form bilden.
Die ausgekleidete Form für 10 Minuten ins Gefriergerät stellen, dann sofort in den Backofen geben und den Teigboden backen, bis er goldgelb ist. Das dauert 12–13 Minuten.

**FÜLLUNG.** Eigelbe und Zucker mit einem Schneebesen zu einer hellen Creme aufschlagen. Der Zucker muss sich dabei ganz auflösen. Die Mandeln fein hacken und mit Quark, Mehl und Backpulver rasch unter die Eiercreme rühren. Heidelbeeren und Zitronenschale unterheben und die Füllung auf den vorgebackenen Teig in der Springform füllen. Den Pie 30 Minuten im Backofen bei gleicher Hitze backen.

**KARDAMOMCREME.** Crème fraîche und Joghurt in einen Kaffeefilter geben, bis die Molke abgelaufen und die Masse fest ist. Das dauert etwa 30–40 Minuten. Die Masse in einer Schüssel mit dem Puderzucker verrühren. Die Creme mit Kardamom würzen.

**HEIDELBEER-PIE
MIT KARDAMOMCREME**

**VANILLE-CHILI-ANANAS MIT ANIS-CRÈME-FRAÎCHE**

# Einfach gut!

Aus Zucker Karamell zu machen ist nicht ganz einfach. Es dampft und zischt und wird ziemlich heiß. Aber lassen Sie sich davon nicht abschrecken, es ist wirklich die Mühe wert. Wenn Sie mögen, können Sie etwa 50 ml des Wassers durch braunen Rum ersetzen. Das schmeckt wunderbar!

**ANANAS.** Die Schale der Frucht von oben nach unten so dick abschneiden, dass die »Augen« mit entfernt werden. Den Schopf abschneiden und die Ananas vierteln. Zucker in einem Topf schmelzen. Wenn er zu karamellisieren beginnt, ganz vorsichtig nach und nach das Wasser dazugießen. Die Chili halbieren, von den weißen Trennwänden befreien und fein hacken. Mit den Ananasvierteln und der Vanilleschote in die Karamelllösung legen. Orangensaft dazugießen und alles bei schwacher Hitze 10–15 Minuten köcheln lassen.

**ANIS-CRÈME-FRAÎCHE.** Puderzucker und Anis unter die Crème fraîche rühren. Mindestens 10 Minuten durchziehen lassen. Nach Belieben mit etwas mehr Anis nachwürzen.

Die Ananasviertel lauwarm oder kalt mit der Anis-Crème-fraîche servieren.

*Für 4 Portionen*

**ANANAS**
1 frische Ananas
320 g Zucker
250–300 ml Wasser
1 rote Chilischote
1 Vanilleschote, längs aufgeschlitzt
Saft von 1 Orange

**ANIS-CRÈME-FRAÎCHE**
200 g Crème fraîche oder Crème legère
1 1/2 EL Puderzucker
2 TL gemahlener Anis

# Einfach gut!

Bei einem Sabayon ist wichtig, dass er nicht zu warm wird, also nicht über 85 °C erhitzt wird. Sonst gerinnt das Eigelb und flockt aus. Statt auf dem Wasserbad kann die Schaumsauce auch im Topf bei schwacher Hitze unter ständigem Rühren aufgeschlagen werden.

*Für 4 Portionen*

**OBST**
3 Birnen
120 g Zucker
150 ml Wasser
Saft von 1 Zitrone
3 EL frische Minzeblätter
   (oder 1/2 EL getrocknete)
1 Vanilleschote, längs aufgeschlitzt
200 g getrocknete Aprikosen

**SABAYON**
4 Eigelb
5 EL Puderzucker
4 EL Weißwein
abgeriebene Schale
   von 1/2 Limette
Saft von 2 Limetten

**OBST.** Birnen schälen, vierteln und von den Kerngehäusen befreien, die Viertel in Spalten schneiden. In einem Topf Wasser mit Zucker, Zitronensaft, Minze und Vanilleschote aufkochen. Die Birnenspalten hineinlegen und bei schwacher Hitze etwa 8 Minuten köcheln lassen, bis sie weich sind. Aprikosen dazugeben und das Ganze abkühlen lassen.

**SABAYON.** Für ein Wasserbad in einem Topf Wasser zum Kochen bringen. In einer Schüssel (muss auf den Topf passen) Eigelbe, Puderzucker, Wein, Limettensaft und Limettenschale mischen. Die Schüssel auf den Topf mit dem siedenden Wasser setzen und die Sauce mit dem Schneebesen kräftig aufschlagen, bis sie richtig schön schaumig ist. Vorsicht, die Sauce darf nicht zu warm werden.

Wenn Sie die Sauce kalt servieren möchten, nehmen Sie die Schüssel vom Wasserbad und schlagen die Sauce, bis sie komplett abgekühlt ist.

## BIRNEN UND APRIKOSEN IM VANILLE-MINZE-SUD MIT SABAYON

# SCHWEDISCHE WEIHNACHTEN

Viele Schweden finden ja Büfetts zu Weihnachten ganz toll. Ich aber kann sie nicht mehr sehen. Immer das Gleiche! Und nicht nur das. Für mich ist die Vorstellung, zu Weihnachten nur kalte Sachen zu essen, ziemlich schrecklich. Da reizt mich ein Weihnachtsmenü viel mehr. Probieren Sie in den nächsten Weihnachtsfeiertagen doch mal einige der folgenden Rezepte aus, dann sehen Sie, ob ich Recht habe. Gewürze und Geschmack sind so, wie sie in Schweden immer waren, nur die Garnituren sind etwas sparsamer, als die Tradition es vorsieht. Falls Ihnen jedoch trotzdem nach einem nordischen Weihnachtsbüfett zumute ist, können Sie es ja mit einem oder zwei der hier vorgestellten Gerichte bereichern.

Büfetts hin oder her – ich finde unsere schwedischen Weihnachten prima. All die Geschenke, dazu das leckere Essen … Eingelegter Hering (Sill) ist ein Muss für mich, ganz besonders der in Senfsauce. Und ich ich bin ganz verrückt nach dem sanft geräucherten, salzig-süßen Weihnachtsschinken! Meiner Ansicht nach sollte er, wenn schon nicht heiß, dann wenigstens lauwarm auf den Tisch kommen. In Nordschweden, wo meine traditionsbewusste Mutter herkommt, gibt es den Garsud des Schinkens am Heiligen Abend als Mittagessen, mit Brot zum Eintunken. Ich finde, ohne diesen Brauch wäre Weihnachten nur halb so schön!

Jeder handhabt das mit dem Brot auf seine Weise. Ich selbst tunke am liebsten Fladenbrot in die Brühe – nur ganz kurz, damit ich anschließend noch Butter, Wurst und scharfen Senf daraufgeben kann. Tunkt man das Brot nämlich zu lange ein, wird es schwierig, es noch mit all den guten Sachen zu beladen. Allerdings lässt sich das Brot dann viel leichter kauen.

Übrigens, meine Vorliebe für Butter ist auch Teil meines nordischen Erbes. Bei mir gehört Butter überall dazu, auch auf gekochte Eier. Versuchen Sie's mal!

# Einfach gut!

Die Mandoline ist ein Küchengerät, auf dem man alles Mögliche hobeln oder zerkleinern kann. Oft tut es aber auch ein normaler Gurkenhobel. Wenn Sie den Lachs warm servieren möchten, geben Sie ihn für etwa 10 Minuten bei 100 °C in den Backofen.

*Für 4 Portionen*

**LACHS**
400 g Lachsfilet ohne Haut
1 1/2 EL Salz
2 EL Zucker
100 g durchwachsener Speck
abgeriebene Schale von 1 Zitrone

**SAHNEDRESSING**
200 g Schlagsahne
Saft von 1 Zitrone
Salz, weißer Pfeffer, Zucker

**FENCHELROHKOST**
1 Fenchelknolle
1 Schalotte
1/2 Bund Dill
2 EL geriebener Meerrettich

**LACHS.** Salz und Zucker mischen und den Lachs damit einreiben. Mindestens 2 Stunden bei Raumtemperatur stehen lassen.
Den Speck in kleine Würfel schneiden und diese sehr knusprig braten. Zum Abtropfen auf Küchenpapier geben.
Lachs mit kaltem Wasser abspülen und gut trockentupfen.
Die Speckwürfel sehr fein hacken und mit der Zitronenschale mischen. Den Lachs vierteln und die einzelnen Stücke kräftig in der Speckmischung wälzen. Den Lachs auf Tellern anrichten.

**SAHNEDRESSING.** Die Sahne mit Zitronensaft mischen und mit Salz, Pfeffer und einer Prise Zucker würzen. Das Dressing beiseite stellen.

**FENCHELROHKOST.** Den Fenchel von Stielen und Strunk befreien. Auf der Mandoline oder auf dem Gurkenhobel hobeln oder mit einem scharfen Messer so fein wie möglich schneiden. Die Schalotte schälen und würfeln. Die Dillspitzen von den Stängeln zupfen. Fenchel mit Dill, Meerrettich, Zwiebel und Sahnedressing mischen. Abschmecken.

GEBEIZTER LACHS
MIT MEERRETTICH-FENCHEL

GEBRATENE ENTENBRUST MIT WIRSING,
PASTINAKEN, SCHALOTTEN UND ORANGENSAUCE

# Einfach gut!

Fettes Geflügel wie Ente braucht sowohl etwas Süße als auch etwas Säure. Am besten nehmen Sie einen reifen Essig, der im Geschmack abgerundet ist und bei dem die Säure nicht so dominiert.

**SAUCE.** Backofen auf 200 °C vorheizen. Schalotten schälen und in grobe Stücke schneiden. Orange schälen und ebenfalls grob zerkleinern. Öl in einem Topf erhitzen. Schalotten- und Orangenstücke 5 Minuten darin anbraten, aber nicht braun werden lassen. Den Rotwein angießen und die Flüssigkeit auf ein Viertel einkochen lassen. Brühe dazugeben und die Sauce weiterkochen, bis der Geschmack schön intensiv ist. Die Sauce durch ein Sieb gießen, Orangenstücke und Schalotten wegwerfen. Die Sauce noch einmal aufkochen. Honig und Essig hinzufügen und die Sauce mit der in kaltem Wasser angerührten Speisestärke etwas andicken. Mit Salz und Pfeffer abschmecken, dann erneut aufkochen und vor dem Servieren 1 EL Butter mit dem Schneebesen darunterschlagen.

**GEMÜSE.** Wirsinghälfte halbieren, vom Strunk befreien und in feine Streifen schneiden. Schalotten schälen und 5 Minuten in kochendem Salzwasser blanchieren. In kaltem Wasser abschrecken.
Pastinaken schälen und grob zerkleinern. In eine ofenfeste Form legen und im heißen Ofen garen, bis sie weich sind.
Kurz vor dem Servieren etwas Butter und Öl in einer Pfanne erhitzen. Gemüse und Pilze darin schwenken. Mit etwas zerdrücktem Knoblauch, Salz, Pfeffer und einer Prise Zucker würzen.

**ENTE.** Die Hautseite der Entenbrüste mit einem scharfen Messer rautenförmig ein-, aber nicht bis auf das Fleisch durchschneiden. Die Entenbrüste mit den Hautseiten nach unten in eine heiße Pfanne legen. Salzen und pfeffern. Die Hitze reduzieren und die Brüste 10–15 Minuten sanft braten, damit die Haut schön knusprig wird. Wenn die Kerntemperatur 55 °C erreicht hat, ist die Entenbrust gar. Falls Sie das Fleisch so rot nicht mögen, braten Sie es einfach noch ein paar Minuten länger.

*Für 4 Portionen*

4 Entenbrüste
Salz, Pfeffer

**SAUCE**
2 Schalotten
1 Orange
Olivenöl
300 ml Rotwein
500 ml Hühnerbrühe
120 g Honig
50 ml Essig
2 EL Speisestärke
Salz, Pfeffer
1 EL Butter

**GEMÜSE**
1/2 Wirsing
12 kleine Schalotten
4 Pastinaken
300 g Pfifferlinge
Butter und Öl zum Braten
1 Knoblauchzehe
Salz, Pfeffer, Zucker

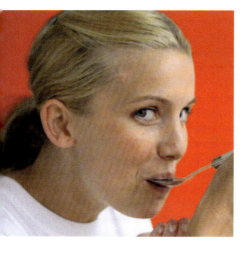

# Einfach gut!

Gutes Vanilleeis schmeckt ausgezeichnet zu diesen Törtchen. Übrig gebliebener Mürbeteig kann eingefroren werden. Er hält sich dann ziemlich lange.

*Für 4 Portionen*

**MÜRBETEIG**
125 g Marzipanrohmasse
1 Prise Salz
125 g Butter
1 Ei
210 g Mehl

**SCHOKOLADENFÜLLUNG**
225 g Zartbitterschokolade
 (Kuvertüre)
25 g Butter
4 Eiweiß
2 Eigelb
80 g Zucker

**CLEMENTINEN**
200 ml Wasser
160 g Zucker
1/2 Vanilleschote
1 Zimtstange
2 Sternanis
4 Clementinen

Puderzucker

**MÜRBETEIG.** Marzipan mit Salz in die Rührschüssel der Küchenmaschine geben und mit dem Messereinsatz glatt rühren. Butter, Ei und zum Schluss das Mehl unterarbeiten. Den Teig nicht mehr zu lange kneten, damit er gebacken schön mürbe ist.
Teig in Frischhaltefolie wickeln und für mindestens 1 Stunde in den Kühlschrank legen.
Eine Arbeitsfläche dünn mit Mehl bestreuen und den Teig darauf etwa 2 mm dick ausrollen. 4 Kreise ausstechen, die etwa 2 cm größer als die Tarteletteförmchen sind. Förmchen mit dem Teig auskleiden, dabei den Teig am Rand jeweils gut andrücken, damit sich keine Luftblasen zwischen Teig und Förmchen bilden. Die ausgekleideten Förmchen für 1 Stunde ins Gefriergerät stellen. Den Backofen auf 175 °C vorheizen.
Die Förmchen direkt aus dem Gefrierfach in den Backofen stellen und den Teig backen, bis er goldgelb ist. Das dauert etwa 15 Minuten.

**SCHOKOLADENFÜLLUNG.** Schokolade mit der Butter auf dem Wasserbad oder im Mikrowellengerät schmelzen. Eiweiße steif schlagen, dabei nach und nach den Zucker einrieseln lassen. Eigelbe unter die Schokoladenmischung rühren, dann vorsichtig den Eischnee unterheben. In die vorgebackenen Tartelettes füllen, diese ins Gefrierfach stellen.

**CLEMENTINEN.** In einem Topf das Wasser mit dem Zucker und den Gewürzen aufkochen. Clementinen schälen und in die Zuckerlösung legen, diese noch einmal aufkochen lassen. Deckel auflegen und den Topf beiseite stellen. Die Clementinen sollten am besten einen Tag vorher zubereitet werden. So können sie die Gewürzaromen gut aufnehmen.

Backofen auf 200 °C vorheizen. Die Clementinen mit etwas Sirup in Portionsschälchen oder auf Tellern anrichten. Die Schokoladentartelettes direkt aus dem Gefrierfach in den Backofen stellen und backen, bis die Füllung luftig aufgegangen ist. Das dauert etwa 10 Minuten. Mit Puderzucker bestreuen und servieren.

WARME SCHOKOLADEN-TARTELETTES
MIT MARINIERTEN CLEMENTINEN

# HINTER DEN KULISSEN

Fürs Fernsehen zu arbeiten ist echter Luxus: Nirgendwo sonst kann man mit zerzaustem Strubbelhaar ankommen und eine Stunde später super geschminkt und schick angezogen vor den Leuten stehen. Ich durfte diese wundervolle Verwandlung beim Schwedischen Fernsehen (SVT) in Göteborg erleben. Während ich dieses Buch schreibe, kann ich auf 47 Fernsehauftritte in 18 Monaten zurückblicken, und ich hoffe, der Trick funktioniert auch in Zukunft.

Beim Schminken hilft mir Gunilla Brodén, und bei der Auswahl der Kleidung berät mich Iréne Andersson. Sie stöbert dafür sämtliche Boutiquen in Göteborg durch. Es gibt fast nie Probleme mit dem, was sie für mich aussucht, denn wir haben fast den gleichen Geschmack. Einmal haben wir versucht, mein Outfit mit einer Perlenkette aufzupeppen. Aber Perlen, mögen sie noch so schön ein, passen einfach nicht zum Zwiebelwürfeln und Fingerabschlecken – Sie werden nie mehr welche an mir sehen.

Ich bekomme jedoch nicht nur Hilfe beim Schminken und bei den Klamotten. Wenn ich etwas in der Pfanne brutzle, ruft mir der Tontechniker Claes

Magnusson zu: »Sprich lauter!« Das mag einem komisch vokommen, ist aber nötig. Denn das Mikrofon, das in mein Haar eingeflochten ist, nimmt die Bratgeräusche mit auf. Jemand anderes warnt: »Nicht umdrehen!« Das Mikrofonkabel ist nämlich an meinem Nacken angeklebt, das soll natürlich keiner merken. Der Fotograf Johan Liljesand zischt: »Nicht zu früh umrühren!« – schließlich müssen noch viele Aufnahmen davon gemacht werden. Und währenddessen versucht die Maskenbildnerin immer wieder, den Glanz auf meiner Stirn mit der Puderquaste in den Griff zu bekommen. Dann fragt Tomas etwas, das alles durcheinander bringt. Und alle erwarten, dass ich noch strahlender lächle. Da ist eine Pause ab und zu richtig schön.

Man braucht etwa drei Stunden, um eine Kochsendung von 20 Minuten zu produzieren. Es muss außerdem viel im Voraus geplant, besorgt, gewürfelt und gekocht werden.

Besonders schwierig ist es zu zeigen, wie man Brot backt. Zum einen soll der Zuschauer sehen, wie die Zutaten gemischt werden. Zum anderen muss ein Teig vorbereitet sein, der gerade aufgeht, und einer, der in den Backofen geschoben wird. Und zum Schluss braucht man natürlich noch das frisch gebackene Brot, um es den Zuschauern zu präsentieren.

Die Dreharbeiten finden jede zweite Woche am Freitagnachmittag statt. Am Mittwoch davor besprechen wir den Ablauf der Sendung, prüfen Fakten, gehen die Reportagen durch und schicken Sören Andersson, den Requisiteur, zum Einkaufen. Am Donnerstag und Freitagvormittag wird vorbereitet.

Neu ist, dass ich meine eigenen Reportagen präsentiere. Das macht Spaß, ist aber gar nicht so einfach. Natürlich ist es interessant, neue Orte kennenzulernen und die unterschiedlichsten Menschen zu treffen. Aber dann heißt es, aus dem Ganzen eine Sendung zu gestalten. Tomas und ich haben völlig unterschiedliche Arbeitsweisen. Ich entwickle gern etwas, während ich darüber spreche. Tomas verfährt genau anders herum. Noch ehe er am Set erscheint, hat er genau im Kopf, wie was in der Sendung abläuft.

Die Sendung wird nicht bei mir zu Hause aufgenommen. Im Studio ist noch nicht einmal eine richtige Küche. Vor dem Dreh werden die Wände schnell zusammengeschraubt. Und der Wasserablauf besteht aus Schlauch und Eimer.

Wir erhalten sehr viele E-Mails mit unendlich vielen Tipps und Wünschen zu unseren Sendungen. Manche sind einfach originell, andere richtig gut. Wirklich gute Vorschläge werden sofort ins Programm aufgenommen. Durch die Website hat unser Rezeptversand etwa 150 000 Abonnenten bekommen. Und das Interesse beschränkt sich nicht aufs Essen. Manche bedauern mich, weil der Herd viel zu niedrig ist, andere können nicht mit ansehen, dass ich die Zitronen mit den Händen ausdrücke, und schicken mir Zitruspressen. Und nachdem ich mal zu kleine Topfhandschuhe benutzt hatte, bekam ich etliche selbst gefertigte Exemplare – alle mit meinem Namen darauf. Es gibt sogar Leute, die möchten die Küche, so wie sie dasteht, kaufen. Die haben keine Ahnung von deren Strom-, Wasser- und Gasmängeln.

Am meisten freut mich jedoch, dass das Programm eine ganze Reihe Männer an den Herd gelockt hat. Männer, die früher nicht im Traum ans Kochen gedacht hätten.

Also Männer: Wenn ihr es bis hierher geschafft habt, dann hoffe ich, dass ihr euch auch weiterhin für das Kochen begeistern lasst – das erhöht den Spaß am Essen für die ganze Familie ungemein!

# REGISTER

Ananas
  Geschmorte Vanille-Chili-Ananas mit
    Anis-Crème-fraîche **94**
Äpfel
  Geschmorte Hackröllchen mit Piment, dazu Äpfel und
    Sellerie mit Honig-Vinaigrette **66**
  Hirschbraten mit süß-saurem Speck und Apfel-
    Kartoffel-Püree **71**
  Muschelsuppe mit Topinambur-Apfel-Püree **34**
Artischocken mit Rote-Bete-Butter **22**

Baguettes, Mini- **78**
Basilikum **32**
Birnen
  und Aprikosen im Vanille-Minze-Sud mit Sabayon **96**
  Eingemachte Gewürzbirnen mit Orangen **80**
  Schokoladenmousse mit Passionsfrüchten
    und Birnen **88**
Briecreme mit Orangen-Nelken-Honig **28**
Brot mit Hummus und Tomatenpesto **14**
Bruschetta mit Tomaten, Estragon und Ziegenkäsecreme **18**

Chicoréesalat mit Grapefruit und gerösteten
  Pinienkernen **16**

Dill **32**
  Möhren in Zitronen-Dill-Marinade mit Bulgur und
    Joghurtsauce **12**
  Gekochtes Kalbfleisch in Dillsauce mit
    Minikartoffeln **68**
Dorsch **32**

Edelfischtatar mit gebräuntem Spargel, Parmesan und
  Knoblauch **44**
Eier, Pochierte, mit Seehasenrogen und Rucolasalat **54**
Entenbrust, Gebratene, mit Wirsing, Pastinaken, Schalotten
  und Orangensauce **102**
Erdbeeren
  mit Basilikum, Limetten und Eiercreme **82**
  Zitronen-Rum-Parfait mit Balsamico-Erdbeeren **87**
Estragon **32**

Felchen **32**
Fisch **40**
  Pesto-Fisch aus dem Ofen mit Stampfkartoffeln,
    Sardellen, Dill und Gurkengemüse **46**
  Edelfischtatar mit Spargel, Parmesan und Knoblauch **44**

Glattbutt **42**
Gurkengemüse
  Pesto-Fisch aus dem Ofen mit Stampfkartoffeln,
    Sardellen, Dill und Gurkengemüse **46**
  Rinderrouladen mit Kartoffelkuchen und
    Gurkengemüse **74**

Hackfleisch
  -Pie mit Pfifferlingen **63**
  Geschmorte Hackröllchen mit Piment, dazu
    Äpfel und Sellerie mit Honig-Vinaigrette **66**
Hähnchen
  -Saltimbocca mit Dinkel, Spargel und
    getrockneten Tomaten **60**
  Tomaten-Thymian-Hähnchen aus dem
    Römertopf **58**
Heidelbeer-Pie mit Kardamomcreme **92**
Hirschbraten mit süß-saurem Speck und
  Apfel-Kartoffel-Püree **71**
Hummer, Rinderbrust und Wurzelgemüse im
  Kräutersud mit Topinamburpüree **52**

Kalbfleisch
  Gekochtes Kalbfleisch in Dillsauce mit
    Minikartoffeln **68**
  Kalbsfrikadellen mit brauner Butter,
    Erbsen und Kartoffelpüree **62**
Kartoffeln
  Hirschbraten mit süss-saurem Speck und Apfel-
    Kartoffel-Püree **71**
  Gekochtes Kalbfleisch in Dillsauce mit
    Minikartoffeln **68**
  Kalbsfrikadellen mit brauner Butter, Erbsen und
    Kartoffelpüree **62**
  Kartoffel-Zwiebel-Suppe mit Appenzeller **36**
  Pesto-Fisch aus dem Ofen mit Stampfkartoffeln,
    Sardellen, Dill und Gurkengemüse **46**
  Rinderrouladen mit Kartoffelkuchen und
    Gurkengemüse **74**
  Rösti mit Crème fraîche und Seehasenrogen **51**
  Schweinebraten mit Wirsing, Blumenkohl und
    Salzkartoffeln **64**
  Zwiebel-Pie mit Oliven und Kartoffeln **26**
Käsekuchen mit Himbeeren, Brombeeren und
  Heidelbeeren **90**
Kapern, Parmesancreme mit **79**
Kerbel **32**

Knoblauch, Eingelegter 25
Koriandergrün 32
Kräuter 30
Krebse, Gratinierte 77
Kürbis
    mit Meerrettich und Lorbeer 16
    mit Mandelvinaigrette 19

Lachs 42
    Gebeizter Lachs mit Meerrettich-Fenchel 100
Lachskaviar 42
Liebstöckel 32

Maränenrogen 42
Minibaguettes 78
Minze 32
Möhren in Zitronen-Dill-Marinade mit Bulgur und
    Joghurtsauce 12
Muscheln in Weißwein 77
Muschelsuppe mit Topinambur-Apfel-Püree 34

Ostseeflunder 42

Panna cotta mit limettenwürzigen Beeren 84
Papayasalat mit Limette, Rucola und schwarzem Pfeffer 16
Parmesancreme mit Kapern 79
Petersilie 32
Pie
    Hackfleisch-Pie mit Pfifferlingen 63
    Heidelbeer-Pie mit Kardamomcreme 92
    Zwiebel-Pie mit Oliven und Kartoffeln 26

Rindfleisch
    Hummer, Rinderbrust und Wurzelgemüse im
        Kräutersud mit Topinamburpüree 52
    Rinderrouladen mit Kartoffelkuchen und
        Gurkengemüse 74
Rösti mit Crème fraîche und Seehasenrogen 51
Rosmarin 32
Rotzunge 42
    Rotzungenfilet in Folie mit Oliven, Kapern und
        Zitrone 50
Rucola
    Papayasalat mit Limette, Rucola und
        schwarzem Pfeffer 16
    Pochierte Eier mit Seehasenrogen und
        Rucolasalat 54

Salbei 32
Schellfisch 42
Schokoladenkuchen mit Rhabarberkompott 86
Schokoladenmousse mit Passionsfrüchten und
    Birnen 88
Schokoladen-Tartelettes, Warme, mit marinierten
    Clementinen 104
Schweinebraten mit Wirsing, Blumenkohl und
    Salzkartoffeln 64
Seezunge 42
Seehase 42
Seehasenrogen 42
Seemannstopf 72
Seeteufel, Gegrillter, mit Polenta 48
Spargel
    Edelfischtatar mit gebräuntem Spargel, Parmesan
        und Knoblauch 44
    Hähnchen-Saltimbocca mit Dinkel, Spargel und
        getrockneten Tomaten 60
Spitzkohl aus dem Ofen mit Feta und Oliven 21
Stockfisch mit Speck und glasierten
    Schwarzwurzeln 56

Thunfischcreme mit Oliven 78
Thymian 32
Tomaten
    Brot mit Hummus und Tomatenpesto 14
    Bruschetta mit Tomaten, Estragon und
        Ziegenkäsecreme 18
    Hähnchen-Saltimbocca mit Dinkel, Spargel und
        getrockneten Tomaten 60
    Tomatensuppe mit gerösteten Auberginen und
        Parmesan 38
    Tomaten-Thymian-Hähnchen aus dem
        Römertopf 58
Topinambur
    Hummer, Rinderbrust und Wurzelgemüse im
        Kräutersud mit Topinamburpüree 52
    Muschelsuppe mit Topinambur-Apfel-Püree 34

Zander 42
Ziegenkäse
    Bruschetta mit Tomaten, Estragon und
        Ziegenkäsecreme 18
    Warmer Ziegenkäse mit frischen Feigen 15
Zitronen-Rum-Parfait mit Balsamico-Erdbeeren 87
Zwiebel-Pie mit Oliven und Kartoffeln 26